Impact Investment in China:

A New Blue Ocean

中国发展出版社
CHINA DEVELOPMENT PRESS

中国发展研究基金会
China Development Research Foundation

友成企業家扶貧基金會
China Social Entrepreneur Foundation
YouChange

Impact Investment in China:

A New Blue Ocean

新蓝海

中国社会价值投资

中国发展研究基金会
友成企业家扶贫基金会

中国发展出版社
CHINA DEVELOPMENT PRESS

图书在版编目（CIP）数据

新蓝海：中国社会价值投资/中国发展研究基金会，友成企业家扶贫基金会编著. —北京：中国发展出版社，2019.12

ISBN 978-7-5177-1116-2

Ⅰ.①新… Ⅱ.①中… ②友… Ⅲ.①社会投资—研究—中国 Ⅳ.①F832.48

中国版本图书馆 CIP 数据核字（2019）第 287221 号

书　　名：新蓝海：中国社会价值投资
著作责任者：中国发展研究基金会　友成企业家扶贫基金会
出 版 发 行：中国发展出版社
联 系 地 址：北京经济技术开发区荣华中路 22 号亦城财富中心 1 号楼 8 层（100176）
标 准 书 号：ISBN 978-7-5177-1116-2
经　销　者：各地新华书店
印　刷　者：北京市密东印刷有限公司
开　　本：880×1230mm　1/32
印　　张：8.5
字　　数：185 千字
版　　次：2020 年 9 月第 1 版
印　　次：2020 年 9 月第 1 次印刷
定　　价：48.00 元

联 系 电 话：（010）68990642　68990692
购 书 热 线：（010）68990682　68990686
网 络 订 购：http://zgfzcbs.tmall.com//
网 购 电 话：（010）68990639　88333349
本 社 网 址：http://www.develpress.com
电 子 邮 件：fazhanreader@163.com

本书课题组成员

课题组组长：

卢　迈　中国发展研究基金会副理事长

王　平　友成企业家扶贫基金会创始人、理事长

课题组副组长：

崔　昕　中国发展研究基金会原副秘书长、国务院发展研究中心机关服务中心主任

汤　敏　国务院参事、友成企业家扶贫基金会副理事长

主报告作者：

俞建拖　中国发展研究基金会副秘书长

汤　敏　国务院参事、友成企业家扶贫基金会副理事长

刘民权　北京大学经济学院教授

背景报告作者：

俞建拖　中国发展研究基金会副秘书长

汤　敏　国务院参事、友成企业家扶贫基金会副理事长

刘民权　北京大学经济学院教授

零　慧　友成企业家扶贫基金会秘书长

袁瑞军　北京大学政府管理学院副教授、北京大学公民社会研究中心主任

焦自伟　国务院参事室文史司原巡视员、副司长

都　静　中国发展研究基金会研究三部主任

朱美丽　中国发展研究基金会研究三部项目主任

项目协调人：

夏　天　中国发展研究基金会项目主任

高雯雯　友成企业家扶贫基金会高级项目官员

序　一

近年来，倡导“运用商业手段，实现社会目标”的社会企业和社会价值投资正在成为全世界备受瞩目的研究和实践议题。中国发展研究基金会秉持“支持政策研究、促进科学决策、服务中国发展”的宗旨，非常关注并积极参与了这个领域的研究和实践。中国发展研究基金会和友成企业家扶贫基金会一起，开展中国社会价值投资研究并发布报告，就是希望在中国推进社会价值概念的广泛传播和实践的蓬勃发展，为可持续的、高效的公益开拓更多的可能性，同时也为我国经济社会的持续发展探索更多元的途径。

基于本课题研究的《中国社会价值投资报告（会议版）》于2016年8月发布，是国内第一份系统阐释中国社会价值投资特点和状况的研究报告，以求对中国该领域的发展提供一个历史的和全景式的概貌。报告从社会价值投资生态系统的角度出发，在回顾国际社会价值投资的最新理论进展和实践的基础上，对国内社会价值投资的主体、机制和工具进行了系统梳理，评估了社会价值投资的需求以及供给潜力。不仅如此，报告也探讨了社会价值投资与中国社会文化传统观念在今天对接的可能性，以及在当前国企以及事业单位改革中的潜在应用。在此基础上，报告对中国社会价值投资的发展现状和机遇挑战提出了全方位和多角度的讨论，提出了现阶段具有可行性的政策建议，希望对国内感兴趣的研究者和政策制定者提供参考。

这本《新蓝海：中国社会价值投资》，是原研究报告的扩展和深化。在书中，展示了更多国内外的社会价值投资案例，对相关的理论问题以及社会价值投资与中国改革发展的现实作了更深入的探索。

社会价值投资，在国际上广泛使用的是“Social Impact Investment”（SII），有的地方直译为“社会影响力投资”。本书中用“社会价值投资”的概念，主要是为了便于国内研究者理解。国际社会上，SII 作为一种新的投资形式于 2007 年被首次提出来，2010 年，J. P. 摩根、洛克菲勒基金会和全球影响力投资网络（GIIN）共同发布报告，将社会影响力投资定义为一种新兴的资产类别。之后，社会价值投资迅速引起了投资界和公益界的广泛关注。许多发达国家的政府、国际组织也积极跟进和推动。

当前的中国正处于关键转型发展的时刻，需要社会各方面勠力同心，把握发展机遇，应对困难挑战。社会价值投资的概念强调追求“社会价值”的目标，同时，也强调社会价值结果的“可测量”以及可持续的“回报”两项特征，主张将经济激励和社会目标相结合，鼓励企业界、社会组织、公众与政府多元主体的有效结合，共同发挥作用，推动经济社会的持续发展。现在的中国正需要这样的“社会价值投资”。

社会价值投资有助于解决“钱”的问题。中国正全力向全面建成小康社会的目标冲刺，要实现这一目标充满挑战。“十三五”（2015～2020年）期间，中国要使现行标准下的5600多万农村贫困人口全部摆脱贫困，要实现1亿农业转移人口市民化，改造城市棚户区为1亿城镇人口提供体面住房，还要应对经济社会发展不平衡、快速老龄化以及环境污染与生态退化的挑战，解决这些问题需要巨额的资金和资源投入。2015年，全国固定资产投资总额超过55万亿元，而私募股权基金交易金额也超过1.2万亿元，如果将这些投资额中仅10%的数量用于社会价值投资，也会为解决社会问题带来巨大的资金支持。

社会价值投资为“有效”的实现提供了工具。现在政府和社会高度关注“评估”和“有效”。在政府管理中，重大政策措施由第三方评估成为管理方式创新的重要举措。随着预算绩效管理改革的推进，“花钱必问效、低效必问责”的理念也广泛传播。通过评估，要一个说得清的资金使用效果，这种理念已经深入人心。社会价值投资作为一种资产形式，首要的要求就是社会价值和结果要能够测量和评价。这与当前治理方式中重视结果导向、强调公正评估、强调社会和群众的评判，以此促进资源更合理有效地配置非常契合。

社会价值投资倡导一种社会团结的精神，从供给和需求两个方面，引导政府、企业、社会、公益组织等各方力量的广泛参与和投入，有钱出钱、有力出力，形成社会上相互关心、相互爱护的氛围，推进经济社会和谐发展。新中国成立以来，特别是改革开放后，中国经济社会发展取得了长足的进步，人民生活普遍得到改善。但是，在中国创造经济增长奇迹的同时，收入分配差距也急剧拉大。如邓小平同志所说："社会主义的特点不是穷，而是富，但这种富是人民共同富裕。"① 要解决社会差距拉大、实现共同富裕，必须依靠全社会的参与和共同努力，特别是高收入群体行之有效的努力。近年来，优秀企业家心向社会，捐出自己身家或者在环保、扶贫和教育等领域"行胜于言"，开展实实在在的工作，逐渐发挥着"正能量"。而社会价值投资又为所有企业家、社会高净值人群和大众，投资社会和环保事业提供了新的途径。总之，在实现全面小康的奋斗之路上，社会价值投资这种投资形式，能够集众人之力，又有绩效可考，有可持续的造福社会的能力，值得大力倡导和扶持。

中国的社会价值投资仍处于起步阶段，社会价值投资本身规模还很小，严格定义的、纯粹的和标准的社会价值投资

① 《邓小平文选》（第三卷），人民出版社1993年版，第265页。

企业还不多。但是，社会价值投资的价值取向和运作方式，与国家倡导的“创新、协调、绿色、开放、共享”五大理念是高度契合的。社会价值投资在中国社会已经有许多实践，也建立了一定的发展基础。譬如，在扶贫开发、农业发展、生态环境、小微金融、医疗卫生等领域，都已经存在规模和范围不等的社会价值投资，涌现出了一批优秀的社会企业。国家开发银行等金融机构开展的城市棚户区改造和对贫困落后地区的贷款，也具有明显的社会价值投资性质，在实现社会价值上发挥了重要作用。从国际经验以及国内现状看，政府在社会价值投资的发展中扮演着至关重要的角色。要推进社会价值投资，政府首先需要特别关注，并通过完善法律和政策空间、购买服务和完善监管等多种方式给予积极支持及引导，建立和完善良好的投资环境，促使其更好地发挥作用。PPP 现在在国内已经被广泛接受，希望 SII 也像 PPP 一样，逐渐为政府所接受和提倡。

展望未来，中国社会价值投资的发展已经具有良好的基础，潜力巨大，只要政府政策支持，企业、社会、个人多元主体积极参与，相信社会价值投资一定可以在中国落地生根、开花结果，焕发勃勃生机！

卢 迈

中国发展研究基金会副理事长

2020 年 1 月

序　二

十多年前，我心潮澎湃地读完了一本书，叫作《如何改变世界：社会企业家与新思想的威力》，作者戴维·伯恩斯坦写道：社会企业家是一批为理想驱动、充满创造力的人，他们质疑现状、开拓新机遇、拒绝放弃，要重建一个更好的世界。当时我把社会企业家精神概括为三个“A”：一种态度（Attitude）、一种方式（Approach）和一种行动（Action）。2007年5月12日，我和企业家朋友发起的友成企业家扶贫基金会（简称友成基金会）正式成立，在社会企业家精神的激励下，我们基金会的英文名称定为“China Social Entrepreneur Foundation”（中国社会企业家基金会），简称YouChange。此后，基金会开始了发现和支持中国社会企业家的社会创新之路，截至2018年底累计公益支出约4.1亿元，自主研发试点创新项目及平台18个，资助260多家社会组织和社会企业，是中国最早的社会价值投资倡导者和实践者之一。我欣喜地看到，如今在我身边活跃着越来越多推动社会价值投资的同行者，正是有了这些身影，今天我们终于可以开始记录中国的社会价值投资者为美好社会而创造的历史了。

“大道之行也，天下为公。”这是人类进入文明社会以来共同的价值追求。

科技和工商业的发展，实现了财富的总体增长，但并未带来普遍的繁荣。我们甚至不容乐观地看到，伴随物质财富的激增，出现了大量的社会问题。这些问题，并非局限于与贫困、疾病、社会排斥等弱势群体的基本生存保障和尊严相关的领域，而是贫富分化、环境污染、气候变化等一系列对人类生存发展构成严重威胁的问题，与所有人的物质与精神需求相关。人在社会的发展中异化了。

这是一个世纪难题。政府、市场以及社会组织三大板块，虽然纷纷行动起来，但成效不大。由于对社会问题认识的路径依赖，传统公益未能直指问题的核心，有的甚至变成富人的游戏，造成新的不平等。企业履行社会责任取得了长足的进步，但也只是在被动的意义上控制了负外部性，仍有大量社会问题有待应对。

一个严峻的现实摆在面前：怎么办?

20 世纪出现了企业社会责任运动和实践，21 世纪又出现了社会影响力投资，都是人类对上述严峻现实的应对举措。社会价值的理念和思想框架正是在这样的时代背景下，在汲取了企业社会责任以及社会影响力投资的养分之后，总结和创造出的一套有中国特色的具有普遍意义的价值观体系。

社会价值是组织和个人通过物质和精神成果的创造，为全体社会成员带来的共同利益。同时，社会价值也是一种理念，倡导社会所有成员以促进社会公平、资源的有效利用、环境的可持续发展、实现人类身心健康、和谐共处为目标，并以其对社会的贡献作为衡量个人价值的终极指标。社会价值投资就是为促进社会价值发展的投资，国际上通常称其为“善良资本”或“耐心资本”。

社会价值投资的对象应该是那些善于发现社会问题根源、提供某种可持续解决方案的企业。友成基金会称之为“社会创新型企业”。与“社会企业”相比，社会创新型企业不仅关注弱势群体的福利状况，更关注具有公共性的重大社会议题（例如食品安全、环境污染、教育公平、社会老龄化等），它还强调企业用创新的方式来系统地解决社会问题，增进人类福祉。此外，它并不排斥在此过程中的股东和经营者的商业回报。社会创新型企业是义利并举的典范。

在此需要强调，以往投资者所关注的社会企业，虽然也是社会组织与市场的跨界联合体，但因其多发端于社会组织，体量不够大，规模化、可复制能力弱，又因其关注的重点局限于传统的慈善领域，故并未获得资本的青睐。社会创新型企业与此完全不同，因其社会议题重大、公共性强、商业价值也非常可观，完全可能打破“社会”与“商业”二元对立的传统认知。

尽管如此，在我国，社会价值投资尚未进入主流投资机构的视野。至少有两个原因导致了这一现象。第一，社会特别是投资界对社会价值投资的认知重启过程虽然已经开始，但仍须假以时日才能蔚然成风；第二，缺乏社会价值评估和认定的标准，没有明确的社会价值投资标准，难以形成创造社会价值的合力。有了标准，也会进一步推动认知重启的进程。

为此，友成基金会在提出世纪难题解决方案的同时，也研发出一套社会价值投资的量化标准，即社会价值三力标准。该标准同时也是一套战略管理工具和评估体系。该标准强调从驱动力、创新力、转化力三个维度及其一致性，对投资对象进行全方位考察，以期识别出真正具有社会价值创造力和影响力的社会创新型企业，为政府、企业和投资者提供决策的量化依据。

从2014年友成基金会发起筹建社会价值投资联盟（深圳）以来，已有不少理事单位，依据此标准，对社会创新型企业和项目进行投资。社会价值投资市场的第一声春雷已经响起，政府、市场和社会组织在共同解决社会问题、创造社会财富上，已经达成了一定程度的共识。

为此，友成基金会与中国发展研究基金会等机构一道梳理了中国社会价值投资的现状，展望了中国社会价值投资的未来，形成《新蓝海：中国社会价值投资》一书。这标志着中国社会价值投资的开端。基于人性，基于对人类未来的忧患意识，我们相信，社会价值投资一定会成为资本的主流投资方向。

是为序。

王　平

友成企业家扶贫基金会创始人、理事长

社会价值投资联盟（深圳）创始主席

2020年1月

致　谢

本书的顺利完成，得益于全体课题组成员的辛勤投入以及众多专家和社会价值投资实践者的关注支持。课题组由中国发展研究基金会副理事长卢迈和友成企业家扶贫基金会理事长王平作为联席组长，国务院发展研究中心机关服务中心主任崔昕和国务院参事、友成企业家扶贫基金会副理事长汤敏作为课题组副组长。课题组成员包括中国发展研究基金会副秘书长俞建拖，北京大学经济学院教授、中国发展研究基金会高级客座研究员刘民权，国务院参事室文史司原巡视员、副司长焦自伟，北京大学政府管理学院副教授、北京大学公民社会研究中心主任袁瑞军，友成企业家扶贫基金会秘书长零慧、高级项目官员高雯雯，中国发展研究基金会项目主任夏天。课题组成员熟悉最新的理论，对国内的实践经验也有丰富的观察和总结，在本书的框架设计、讨论和撰写中，作出了积极的努力。俞建拖、汤敏和刘民权作为摘要执笔，更是付出了大量心血，出色地完成了摘要的撰写和修改，为本书的顺利面世作出了很大贡献。

中国发展研究基金会与友成企业家扶贫基金会还承担了本书的修改和组织工作。中国发展研究基金会的都静、王雪、王晔、李帆、李奇文、朱美丽和张锦等同志，友成企业家扶贫基金会的高雯雯同志参与了本书相关资料搜集、内容修改、文字编辑、英文翻译及发布会组织各项工作，出色地完成了任务。福特基金会为本书的部分研究工作提供了资助。

值此本书付梓之际，课题组对为本书的顺利完成作出卓越贡献，提供各种支持和帮助的所有单位和个人表示诚挚的感谢！

方　晋

中国发展研究基金会秘书长

2020 年 1 月

目　录

摘　要

社会价值投资（Social Impact Investment）在中国也被称为"社会影响力投资"或"影响力投资"，是一种追求社会价值并兼顾经济回报的投资形式。如果以传统公益慈善为一极，以传统商业投资为另一极，社会价值投资介于两者之间。这种新兴的投资方式具有明确解决社会问题的意向，有事前预期和可测量的社会价值，兼顾经济回报，以期可持续地解决社会和环境挑战，为应对社会领域的融资困境提供了新的选择。

一、国际社会价值投资发展趋势

当前，世界各国都面临大量社会和环境挑战。要应对这些挑战，需要大量的资金投入，但资金的缺口十分巨大。据联合国的估计，要使全球发展中国家顺利实现可持续发展目标（SDGs），到2030年每年需要投入3.9万亿美元，而目前公共和私人部门每年在相关领域的资金投入仅为1.4万亿美元，还存在 2.5 万亿美元的缺口①。2008 年国际金融危机爆发后，疲弱的全球经济也进一步削弱了各国政府、市场和社会部门为社会领域融资的能力，迫切需要创新投资模式，整合政府、社会和市场的力量，以高效、规模化、可持续的方式解决社会中存在的迫切需要解决的问题。

正因如此，“社会价值投资”概念于 2007 年被提出后，在短短十余年里赢得了全球性的关注。2010 年，摩根大通、洛克菲勒基金会和全球影响力投资网络（GIIN）共同发布了报告，将社会价值投资定义为一种新兴的资产类别，迅速引起了主流投资界、公益界的关注和响应。目前，社会价值投资在减贫、养老、医疗、教育、小微金融、生态环境保护、清洁能源等领域已经得到广泛应用。根据 GIIN 的估计，到 2018 年底，全球范围内共有 1340 家机构布局社会价值投资，社会价值投资总规模达到了 5020 亿美元。此外，多国政府以及 OECD 等国际组织也高度关注社会价值投资，积极将之纳入主流政策框架。

二、社会价值投资的特性和优点

社会价值投资将社会目标与市场手段相结合，具有一些突

---

① UNCTAD（2014）：World Investment Report 2014. Geneva，Switzerland，（23 June 2014）.

出的特点。

社会价值投资以市场化的手段来解决社会发展中的问题，可以在一定程度上整合政府、私人部门和社会部门的各类资源，打破各部门在资源投入上的藩篱，从而在应对上述社会发展问题中发挥积极作用，主要表现在以下几个方面。

一是扩大资源动员的范围。社会价值投资结合了商业性投资和社会性投资的特点，允许投资者获得一定的商业回报，这显著有别于传统的慈善，降低了包括私人部门在内的各类潜在投资主体积极参与解决社会问题的门槛，提升了参与的愿望，因此有助于扩大资源动员的范围，有助于减少社会投资的资金缺口以及知识和经验的缺口。

二是提升资源投入的效率。社会价值投资以市场化的方式运作，可以充分利用市场中灵敏的价格信号以及各类投资工具，允许投资主体灵活地进出市场，从而硬化社会价值投资项目的预算约束，及时调整产品和服务的供求关系，使得各类资源的稀缺性能够得到较为充分的反映，并通过价格信号将资源导入综合价值（包括社会价值和经济价值）更高的领域，从而使相关领域资源投入的效率得到提升。

三是提高社会投资的透明度和可问责性。制约中国政府公共服务改进以及公益慈善发展的一个重要因素是透明度的缺乏。社会公众对公共服务部门和慈善机构的运行机制、服务结果和成效缺乏必要的信息，因此难以发挥监督和问责的作用。作为一种投资行为，社会价值投资内在地要求有清晰的财务和社会价值回报，在设计产品和服务时，必然要求所产生的社会结果是可预期、可测量的，使社会价值投资项目变得更加透明。这也便于及时地对相关项目进行评估，便于相关利益方对项目进行监督，并根据结果对投资行为、方式、手段进行问责。

四是带动公共部门改进公共支出的绩效。社会价值投资通过整合公共部门、私人部门和社会部门的资源，可以形成一种独特的公共与私人部门合作模式（PPP），减轻公共部门的财政负担，提高公共财政支出的效率和效能。

五是撬动社会部门的发展。传统的社会部门主要靠自有资金或公共部门的服务购买资金来保障社会服务提供。社会价值投资的引入则有助于将主流的商业投资引入社会领域，使得通过金融市场动员资金成为可能，并在此过程中整合各利益相关方的知识、技术、渠道，这为处于社会价值创造第一线的各类社会组织的成长提供了新的机遇，有助于促进社会部门的发育和赋能。

社会价值投资有其特性和适用范围，并不取代传统的公共投资、市场化投资和公益投资。社会价值投资有别于社会责任投资，前者主动应对特定社会问题并且嵌入商业模式中，更具主动性；后者更强调将投资产生的负面影响最小化，相对消极。社会价值投资也不同于一般意义上的社会目标投资，两者同样强调投资的社会目标要预先设定，但前者更加强调社会结果和价值能被测量。社会价值投资提供了这些传统投资手段之外的新选择，推动传统投资手段的优化，形成优势互补。

三、中国发展社会价值投资的必要性和可能性

在中国发展社会价值投资并推动其主流化，有三重必要性。一是筹资上的必要性。当前中国正全力向全面建成小康社会的目标冲刺，许多社会领域存在巨大的投资缺口，社会价值投资可以在减少投资缺口中发挥重要作用。二是社会治理上的必要性。社会价值投资在本质上也是一种社会治理模式，有助于促进中国社会部门的培育和发展。三是社会价值投资对于中国当前改革中的两个难点问题——国有企业改革和事业单位改革，有可能提供借鉴和启示。正处于快速转型的中国社会，利益主体高度分化，利益诉求多样，利益冲突复杂严峻，需要新的机制来消弭社会裂痕，促成社会的合作和团结，共建美好中国。

中国当前在社会和环境领域还存在巨大的投资缺口。本课题组估计，"十三五"期间，仅仅在减贫、农业转移人口市民化、保障性住房、教育、医疗、环境保护这六个领域，就存在55万亿~70万亿元的投资需求。在经济新常态下，公共财政收入增幅放缓，私人部门的投资持续低迷，民间公益捐赠规模和数量有限，迫切需要新的投资机制，整合公共部门、私人部门和社会部门的资金和资源。

社会价值投资的观念虽然是舶来品，但其与中国传统文化有深刻共鸣。在中国传统文化中，“义”和“利”是一对重要概念。义是“事之所宜也”，是一种社会正义和伦理道德准则，包含了公正、利他等道德要求，强调为社会创造价值。利是“人之用者”，指的是利益和功利，特别是物质利益和个人利益。如何看待义和利的关系，如何看待道义和功利的关系，是一个贯穿中国两千多年思想史的基本命题，也是理解中国文化的基本线索。从春秋战国时期义利之辨兴起，到汉代确立儒家作为主流思想意识形态，再到宋明儒释道交相辉映和融合，最终形成了古代中国社会“义利兼顾，以义为先”的基本价值取向。

“义利兼顾，以义为先”在古代中国并没有停留在观念层面，事实上也成为政府和社会的一种实践。在中国古代，很早就出现了类似于今天国有企业的经营实体，如周朝的“泉府”、历代各种形式的“常平仓”。这些机构一方面从事商业化的经营，同时承担扶危济困的社会功能，创造社会价值。在民间社会，也有大量依托行业或宗族的经营性公益业务，如义庄、社仓等。这些官方或民间的经营性公益实体，尽管从治理结构、生产方式等方面与今天的社会企业不同，但仍可以视为农耕时代的前现代（pre-modern）社会投资。可以说，中国古代“义利兼顾”的思想及实践与今天的社会价值投资构成了历史的回响。

社会价值投资与中国当前新的发展理念有内在的共鸣，可以良好地嵌入中国社会之中。社会价值投资与社会主义市场经济体制“共同富裕”的目标追求高度一致，也和今天“创新、协调、绿色、开放、共享”五大发展理念有深刻的共鸣，因此能够无缝嵌入中国社会和中国当前的政策框架。

四、中国社会价值投资的发展现状

中国的社会价值投资仍处于起步阶段。如果仅看社会价值投资本身，规模还很小。但是，如果看整个生态，参与社会价值投资的主体类型已经相对丰富，而且数量也在增长。不论是在供给侧还是在需求侧，除了有和国外相似的典型企业和机构，还有一些具有中国特色的主体和做法，在生态系统中发挥了重要的作用。可以说，中国社会价值投资的发展已经具有良好的基础，潜力巨大。只是这些实践没有在社会价值投资的概念框架和规范下被清晰地认识和总结，制约了其在中国社会中发挥更大的作用。

1. 社会价值投资的供给侧

社会价值投资的供给侧主要包括三类主体：第一类是资本来源方，即以自己拥有的资产和收入投入社会价值生产并获得回报的机构和个人；第二类是投资中介方，即将从外部筹集的债权或股权资金投资于社会价值生产的机构和个人；第三类是给资本来源方和中介方的社会价值投资活动提供研究、咨询、审计和评估的机构和个人。这样的划分在理论上可行，但在实践中可能会遇到困难，因为同一类型主体（如银行）会在不同的情景下担任多重角色，而现代金融工具的发展以及资产组合的运用，使各类主体的角色更加模糊。

从资本来源看，政府、社会目标导向型的企业、社会责任型的企业、各类基金会和非营利组织、高净值的个人都可以提供社会价值资本。各类基金会是公益领域的主要力量。2018年，中国基金会数量超过7000家。2017年底，中国基金会净资产规模达到1563亿元，有不少基金会近年来明确开始社会价值投资，如南都基金会、友成基金会和乐平基金会等。在公益领域，许多社会投资孵化机构和大企业的社会责任部门在社会投资方面承担了积极的角色，这些投资未来有可能向社会价值投资转化。

如果将视线移到传统公益慈善之外，政府部门实际上已经做了大规模的社会价值投资，这些投资还没有按照社会价值投资来归类资产，但其规模远远超出社会部门。对公益性国有企业以及政策性金融机构投入资本金是政府提供社会价值资本的重要方式（如国家开发银行、中国农业开发银行等金融机构对贫困偏远地区的贷款），一些政府与社会资本合作（PPP）的项目也具有显著的社会价值投资属性（特别是对贫困地区的交通、通信、能源、水的投资）。随着改革开放带来的快速经济发展，中国居民的家庭财富也在快速积累，瑞信研究院发布的第10份《全球财富报告》显示，2000~2018年中国居民家庭财富从3.7万亿美元增长到63.8万亿美元，目前中国中产阶层人数已增长至全球首位，而且其公益意识和投入不断地增长，有望成为社会价值投资的重要供给者。中国位居财富顶端人群的数量也居全球前列，许多高净值人群及其领导的企业在公益捐赠上起到了引领作用，未来也可以导流到社会价值投资领域。

从国际上看，典型的社会价值投资资本中介包括社会银行、社区开发金融机构、社会价值投资基金管理人等。在中国，专门从事社会价值投资的银行类机构和投资基金管理人还很少，但是已经出现了少数具有社会价值取向的投资中介。一些社会价值导向的私募基金，已经在生态环境、教育、可持续生计等领域做了投资。中国的股权投资基金在过去十余年也得到了长足的发展，2018 年底，私募基金管理规模超过 12 万亿元[①]，红杉资本、IDG、赛伯乐、真格基金等近年来在医疗、扶贫小额信贷等领域做了投资。当前中国也涌现了诸多众筹、众包、众保平台，引导社会资本投向大病互助。国有的政策性银行在社会价值投资领域起到的作用尚未得到应有的认可，国家开发银行截至 2018 年发放精准扶贫贷款 2668 亿元，绿色贷款余额超过 1.9 万亿元[②]；截至 2018 年 5 月末，中国农业发展

---

① 《中国私募投资基金行业发展报告（2019）》，http：//www. amac. org. cn/researchstatistics/report/zgsmjjhybgfz/201912/t20191225_ 4016. html。

② 《国家开发银行 2018 年年度报告・摘要》，http：//www. sohu. com/a/313573454_ 114731。

银行精准扶贫贷款余额达 1.33 万亿元[1]。此外，中国的商业银行也在扶贫领域做了大量的投资，譬如中国农业银行到 2018 年底在扶贫开发重点县的贷款余额达到 9239 亿元[2]。

中国已经出现了一些致力于促进社会价值投资的组织和平台。成立于 2012 年的深圳创新企业社会责任促进中心（CSRDC），与政府部门、企业、公益组织、基金会、国内外知名大学开展深度专项合作，开展社会价值投资绩效评估。2014 年，南都公益基金会、浙江敦和慈善基金会、马云公益基金会、社会企业研究中心、中国扶贫基金会、中华社会救助基金会等 17 家机构联合发起“中国社会企业与社会投资论坛（联盟）”，以整合资源共同推动社会企业和社会投资的发展。2014 年，友成基金会等 40 多家商业、公益机构发起筹备“社会价值投资联盟”（以下简称“社投盟”），以“投资”为切入点，将社会创新相关的投资人/机构、项目、咨询服务中介机构、跨界专家等囊括其中，以构建有利于社会问题解决、有利于社会更公平更有效率更可持续发展的创新生态。中国目前也出现了一些专门从事社会投资和企业社会责任咨询及评估的机构，商道纵横、瑞森德企业社会责任机构、明善道管理顾问有限公司等近年来也不断将其咨询业务向社会价值投资方向拓

---

① 中国农业发展银行官方网站，http：//www.adbc.com.cn/n5/n17/c23451/content.html。

② 《中国农业银行 2018 年年度报告》，http：//www.cnfinance.cn/articles/2019－03/30－29486.html。

展。此外，北京大学、北京师范大学、中国发展研究基金会、湖南大学、深圳国际公益研究院等机构也积极开展了关于社会企业、社会价值投资的相关教学、研究工作和实践。

目前，股权、债权、信托形式的社会价值投资在国内都已经出现。如前所述，公益信托、公益创投等方式的投资规模还比较小；政策性金融机构和商业性金融机构承担的扶贫开发贷款、基础设施贷款等规模较大，尽管其没有被视为社会价值投资。在债券融资方面，近年来一个值得注意的进展是绿色债券的快速发展。2015 年 12 月 22 日，中国人民银行发布公告，将在银行间债券市场推出绿色债券，这标志着我国绿色债券市场正式启动，也意味着社会价值投资工具在中国迈出了标准化、规范化和主流化的重要一步。2016 年 2 月，国家发展与改革委员会发布了《绿色债券发行指引》，随后上海证券交易所发布规则，为绿色债券提供了“绿色通道”。6 月，作为 G20 峰会的主席国，中国倡议 G20 成立绿色金融研究小组，就各国绿色金融发展的最佳实践、主要障碍、促进全球经济绿色转型政策举措等问题进行研究。根据气候债券倡议组织和中央结算公司联合发布的《中国绿色债券市场 2018》，2018 年底，符合国际绿色债券定义的中国债券发行额达到 2103 亿元（312 亿美元），中国已经成为全球绿色债券发行的风向标。近年来，社会价值导向的指数和基金有所突破。多只 ESG 指数发布，包括 ESG 美好 50 指数、中证 180 ESG 指数、美好中国 ESG 100 指数等。2019 年，国内首只可持续发展主题投资

ETF——博时中证可持续发展100 ETF发布，该ETF由社会价值投资联盟与博时基金联合研发。

2. 社会价值投资的需求侧

社会价值投资需求侧的主体可以分为两大类：一是社会价值生产者，包括各类社会组织、社会企业、社会目标导向的企业、受政府或社会组织委托提供产品和服务的企业等；二是社会价值的购买者，包括直接受益人和第三方购买者。

各类依靠外部资金资助的社会组织，通过提供各种产品和服务创造社会价值，是社会价值投资的重要对象。截至2018年，全国共有社会组织81.7万个，吸纳社会各类就业人员980.4万人。2018年，全国社会组织捐赠收入达919.7亿元[①]。尽管这些组织的服务提供没有或者只有小部分采用商业化经营，但是只要给予配套性的政策（如政府服务采购），就有可能实现社会价值和经济回报兼顾，从而成为社会价值投资的对象。

社会企业是以商业手段实现社会目标的企业。社会企业通过提供产品和服务创造社会价值，在此过程中获得足以支付投资的回报，是社会价值链条中的重要一环。在中国，尚无官方和法律上的社会企业定义，行业和学术界对社会企业的概念也存在不同的理解。从世界其他国家以及我国自身的实践来看，中国目前可以归入社会企业的机构主要有以下四类。

---

① 民政部：《2018年社会服务发展统计公报》。

(1) 经营性的民办非企业单位(民非)。2018年全国共有民办非企业单位44万个。目前已经涌现出一些具有代表性和影响力的民办非企业单位,如天津鹤童、北京富平学校、北京帮为等。

(2) 曾获得民政部门认定的社会福利企业。截至2014年底,全国共有为残疾人提供服务的机构(福利企业)16389个,吸纳残疾职工47.9万人就业。2014年,福利企业实现利润95.2亿元,年末固定资产达到1789.3亿元。不过,自2016年起,民政部取消社会福利企业资质认定,并由财政部、国家税务总局对促进残疾人就业的增值税政策进行调整与完善。

(3) 为贫困弱势农户提供服务的经营性农民专业合作社。截至2018年底,全国工商部门依法登记的农民专业合作社超过210万家,入社农户超过1亿户。

(4) 其他社会企业,包括在工商部门登记注册的社会目标导向型企业。它可以是非营利性企业,也可以是营利性企业。中国目前已经有许多以公司身份注册的社会企业,涵盖小额信贷、文化和教育、医疗卫生、弱势人群就业等诸多领域。近年来,已经有不少企业明确将自己定位为社会企业,并按照一定的行业规范来运营,如中和农信、第一反应、携职、老爸评测、天一琴茶、盛世锦绣等。

社区服务组织和社区公共服务机构以社区、家庭与居民为服务对象,以贫困居民、老年人、残疾人、失业人员和农村富余劳动力为服务重点,提供的服务包括就业与社会保障、社会救助、计生服务、住房保障、治安服务等。部分社区服务可以是经营性的，也可以单独经营或者与其他社会价值机构合作经营，因此可以成为社会价值投资的对象。

社会价值的购买者既包括相关产品和服务的直接受益人，也包括为这些产品和服务买单的第三方支付者，如政府和各类公益组织。正是有这些价值购买者的参与，社会价值投资的经济循环过程才不至于断裂。

消费者在社会价值投资的实现中起了关键作用。社会价值产品和服务的提供对象不论是特定的贫困弱势人群，还是更一般的社会公众，只有完成产品和服务的购买才能产生最终的经济回报，只有完成消费才能真正实现社会价值。

对社会价值投资者和生产者来说，政府以需求方的身份对相关服务进行购买，通常是最为关键的支持。政府部门向第三方开展社会服务采购在一些地方已经探索并形成做法。广东省在国内地方政府中较早开展购买社会服务的探索。北京市自2010 年以来也通过社会建设专项资金向社会组织采购服务项目。上海市自 2014 年开始编制“上海市承接政府购买服务社会组织推荐目录”，加强与财政部门、政府采购平台的联动，落实向推荐的社会组织优先购买。目前，山东、江苏、浙江、四川等多个地区也已经开展了相关的探索。

五、社会价值投资的评估与标准体系

社会价值投资市场的有效运行，需要对社会价值投资主体的身份认证、投资行为准则、投资结果进行评估。此外，由于许多带有社会价值的产品和服务在过去没有参与市场化交易，初始市场的建立需要引入初始的价格基准，提供基础的市场信号。这些认证、规范、评估体系、基准价格是社会价值投资市场最重要的基础设施，为政府、企业和投资者的决策提供依据。

在中国，政府和企业关注社会影响的意识在不断提升，对影响评估的需求也快速增长。在环境影响评估方面已经有了大量的实践，也出台了相应的政策规范。社会影响评估和贫困影响评估得到了越来越多的重视。但在中国工程项目审批程序中，社会影响评估还不是必需环节。这些工作对未来社会价值评估的工具开发、规范制定和案例总结具有借鉴意义。但是，中国在市场主体的认证、行为规范和评估体系方面的工作刚刚起步，在基准价格制定方面尚未开始。

作为社会价值投资的主体之一，社会企业在学术界和实务界尚无统一的定义，各国对社会企业的认证在标准上也各有侧重。目前，国内已有学界、公益界和少数地方政府在从事相关工作。2015 年 9 月，由深圳市中国慈展会发展中心牵头，联合北京大学公民社会研究中心、北京师范大学中国公益研究院、南都公益基金会和社会企业研究中心开展国内首次民间社会企业认证，制定了《中国慈展会社会企业认证办法（试行）》（以下简称《办法》）。该《办法》将组织目标、收入来源、利润分配、人员结构和注册信息五个核心维度作为社会企业核心认证要素，给通过社会企业认证的机构提供资金、人才、孵化方面的支持。2018 年，北京社会企业发展促进会发布了《北京市社会企业认证办法（试行）》。此外，广东省顺德市也推出了地方版的社会企业认证标准，作为政府扶持的依据。

共益企业（B Corp）认证是 2007 年由非营利机构共益实验室（B Lab）开发的第三方认证体系。2016 年 6 月，提供急救培训和赛事急救保障等服务的社会企业“第一反应”成为中国内地第一家共益企业。2016 年起，13 家内地企业先后获得共益企业认证。

社会价值投资标准不等同于社会影响力评估标准。目前，在全球范围内流行的社会影响力评估基本上是对被投企业社会价值的产出结果进行量化评估，尚未出现针对社会价值投资对象的筛选标准，更不用说形成完整而实用的体系。在实践中，由于对什么是社会创新、什么是社会企业没有统一、权威的评判标准，因此产生了概念上的诸多混乱，限制了对投资对象的优化选择，很容易将一些优秀的、进行社会创新的商业企业排除在外。这就使得社会创新的思想理念和创业实践都受到局限，成为制约社会价值投资的瓶颈。针对这一社会价值投资中的现实困境，友成基金会提出了社会价值投资的“三 A 三力”标准，从社会目标驱动力（Aim）、解决方案创新力（Approach）和执行效果转化力（Action）三个维度评估投资可行性。2017 年，社会价值投资联盟发布了基于“三 A 三力”框架的“义利99指数”，对A股上市企业的社会价值指数进行了评估和排名。

六、社会价值投资的政策环境

支持性的政策环境对于推动社会价值投资十分关键，特别是在市场发展的早期阶段，政府的介入尤为必要。在英国、美国等发达国家，社会价值投资的发展受到法律框架内的认定与支持，并享受税收、融资、政府补贴等优惠政策的支持，对解决社会问题、推动经济社会发展作出了显著贡献。

中国在社会价值投资的供给侧和需求侧都已经出台了相关的法律法规和政策，为社会价值投资的发展提供了一定的制度基础。但是，现行法律和政策体系中还没有明确引入社会价值投资或社会企业等概念，供给侧和需求侧的法律和政策尚不能良好对接，政策环境还有很大的改进空间。

与社会投资活动相关的法律法规大体上可以分为三类：第一类是关于公益慈善行业总体的法律法规，如《公益事业捐赠法》《慈善法》等；第二类是与供给侧（特别是投资中介渠道）相关的法律法规，如《商业银行法》《证券法》《保险法》《信托法》《私募投资基金监督管理暂行办法》等；第三类是与需求侧（特别是社会价值生产者）相关的法律法规，如《社会团体登记管理条例》《民办非企业单位登记管理暂行条例》《基金会管理条例》《社会组织评估管理办法》等。

从法律法规看，第一，我国对于社会价值投资所涉及的主体及其活动已经有比较全面的立法，但仍然缺乏对部分主体的立法规范，如政策性银行、社区服务组织的相关立法，另外也有一些法律法规还是临时性的或者权威性较低；第二，我国相关立法的进度近年来有加快趋势，大量的立法和修订都在党的十八届三中全会之后；第三，社会价值投资、社会企业等核心概念尚未在立法中有所体现，因此不利于在制度构建上打通供给侧和需求侧，形成完整的法律框架。

目前，在福利企业、农民专业合作社、民办非企业单位、基金会、社会团体等已有或潜在的社会价值生产主体中，登记管理不尽相同。福利企业方面，民政部于 1989 年颁布了《社会福利企业管理暂行办法》，2007 年颁发的《福利企业资格认定办法》重新规定了社会福利企业的资格认定条件：福利企业须在工商部门登记注册，由民政部门认定资格。自 2016 年起，民政部取消社会福利企业资质认定，促进残疾人就业的增值税政策由财政部和国家税务总局继续完善和执行。农民专业合作社方面，2006 年《农民专业合作社法》的颁布，在法律上明确了农民专业合作社的法律地位。2007 年颁布的《农民专业合作社登记管理条例》明确了农民专业合作社的登记管理机关是原工商行政部门，业务主管单位是原农业部。社会团体、民办非企业单位和基金会方面，根据相关法律规定，这三类组织的登记管理机关为民政部门。境外非政府组织方面，根据 2016 年 4 月通过的《中华人民共和国境外非政府组织境内活动管理法》，中央和省级政府的公安部门为境外合法成立的各类非营利、非政府社会组织的登记管理机关，中央和省级相关部门和单位是境外非政府组织在境内活动的业务主管单位。

除了登记管理制度外，近年来中国也完善了对各类社会组织的评估管理制度。2010 年，民政部出台了《社会组织评估管理办法》（以下简称《办法》），对社会团体、基金会进行综合评估，评估内容包括基础条件、内部治理、工作绩效和社会评价。对民办非企业单位进行规范化建设评估，包括基础条件、内部治理、业务活动和诚信建设、社会评价等。该《办法》还明确了评估机构及职责、评估程序和方法。

目前，中国也出台了数量众多的政策，以鼓励各方参与公益慈善和社会发展事业，并为相关的投资提供税收优惠支持和金融支持，扩大向社会部门的公共服务购买，这些从长远看都有利于社会价值投资的发展。

七、社会价值投资与国有企业和事业单位改革

社会价值投资对中国改革与发展的重要贡献之一可能是给国有企业和事业单位的改革提供了一种新的思路，反之，这两类主体的改革推进或将有助于推动社会价值投资的发展；两者之间可以彼此促成，互为机遇。

1. 社会价值投资与国有企业改革

国有企业是市场主体，但是许多国有企业实际上承担了提

供公共服务和传递公共利益的职能，并为公共财政提供了支持，因此具有显著的公益性和社会价值。新一轮国有企业改革将国有企业分类简化为商业类和公益类，这十分有利于明晰对不同类型国有企业的定位，为后续的改革奠定基础。

公益类国有企业的深化改革还需要解决两个突出的问题，即如何建立公众对国有企业的信任以及如何抑制国有企业的道德风险问题，其中的关键是让国有企业的运行及其社会价值绩效更加透明。社会价值投资的引入恰恰可以在这方面有所作为。社会价值投资要求企业产生的社会效果可预期、可测量。推动公益类国有企业成为社会价值导向的企业，意味着不论这些国有企业作为社会价值的投资者，还是作为社会价值的直接创造者，都需要有严格定义和可测量的社会价值。事前的规划和对企业实际创造的社会价值的测量，一方面有助于社会公众加深对公益类国有企业价值和绩效的理解，另一方面也可以抑制企业的道德风险行为，这将为公益类国有企业的改革拓展话语空间。除此之外，社会价值导向型国有企业并不要求企业放弃对适度利润回报的支持，也有助于减少改革的阻力。另外，即使是商业类国有企业，其部分业务单元也有可能具有显著的社会价值取向，因此也可以成为社会价值投资的对象。

反过来看，更多的国有企业转变成为社会价值导向的企业，将为社会价值投资在中国的发展提供巨大的组织、资金和人才支持。鉴于社会价值投资在中国刚刚起步，在理念普及、工具多样性、资源动员和影响力等方面还存在很大的限制，公益类国有企业的改革与社会价值投资相结合，将对社会价值投资在中国的飞跃性发展起到推动作用。

2. 社会价值投资与事业单位改革

事业单位改革是我国行政管理体制改革的重要内容，对于建立现代国家治理体系意义重大。事业单位不以营利为目标，过去长期作为准政府存在，主要依托财政资金提供公共服务。2014 年，全国共有事业单位 110 多万家，编制内的人员约 3000 万人，另有 900 多万离退休人员。从行业看，事业单位从业人员近 2/3 分布在教育和卫生行业。

2011 年颁布的《中共中央　国务院关于分类推进事业单位改革的指导意见》（以下简称《意见》）提出："到 2020 年，建立起功能明确、治理完善、运行高效、监管有力的管理体制和运行机制，形成基本服务优先、供给水平适度、布局结构合理、服务公平公正的中国特色公益服务体系。"根据《指导意见》，按照社会功能将现有事业单位划分为承担行政职能、从事生产经营活动和从事公益服务三个类别。对承担行政职能的，逐步将其行政职能划归行政机构或转为行政机构；对从事生产经营活动的，逐步将其转为企业；对从事公益服务的，继续将其保留在事业单位序列，强化其公益属性。在这一改革方案中，第二类和第三类事业单位的改革与社会价值投资关系密切。

同公益类国有企业的改革一样，社会价值投资的引入将有助于丰富事业单位改革的选择。对于从事生产经营活动的事业单位，在财政新常态下，引入社会价值投资将有助于避免这些机构及其从业者在改革过程中利益的断崖式下跌或巨大不确定性，减少了改革的阻力，从而为改革推进保留了通路。对于公益类事业单位，在改革过程中也将有数量众多的机构脱离原有事业单位序列，成为社会价值导向型的投资人，或者成为社会价值的被投资对象。对于社会价值投资来说，事业单位的分类改革，将有助于完善社会价值投资的生态系统，并为社会价值投资在中国的发展提供组织、资金和人力上的支持。

八、推动中国社会价值投资发展的对策

社会价值投资在中国有巨大的发展前景。从理念和价值取向上看，社会价值投资与中国社会“义利兼顾，以义为先”的价值观念高度契合，与当前倡导的五大发展理念有深刻共鸣，也符合我国社会主义市场经济的意识形态诉求。从投资生态体系看，中国在供给侧和需求侧都有丰富多样的参与主体，政府、市场主体和慈善公益部门的能力都在不断提升。不仅如此，中国改革开放以来经济社会取得的巨大成就，金融市场的快速发展，为社会价值投资提供了充沛的资源动员。针对前述社会价值投资面临的短板和制约因素，当前亟须政府、市场和社会凝聚共识，形成合力，以社会价值投资为重要手段整合优势资源，应对经济社会发展中存在的迫切挑战。

从目前中国实际发生的社会价值投资来看，还存在一些不

足。明确声称为社会价值投资的项目，数量少、投资规模小，也不符合严格意义上的社会价值概念，商业模式不清晰，缺乏有影响力的机构参与，缺乏品牌性的成功案例。中国已经存在较大规模的事实上的社会价值投资，但是没有按照社会价值投资的框架来认识和理解，因而也无法以此归类资产并进行规范。即使将明确声称和事实上的社会价值投资都算上，中国社会价值投资在社会总投资中的规模和比例仍然偏低。在已有的投资中，国有部门投资规模和比例高，私人部门和民间社会投资不足。从投资对象来看，社会组织接受的投资规模有限。此外，通过证券和股权进行的投资比较少，较多依赖于传统的信贷手段。

导致前述不足的原因有很多，包括理念和知识传播不够，缺乏系统深入的研究，认证、准则、评估工具和评估体系等市场基础设施不足，一些重要的市场主体缺位或发展不足，金融市场发展滞后，法律和政策体系不完善，缺乏配套的政策和实施细节，购买方的意识还比较薄弱，社会部门发展不充分等。针对这些不足和制约因素，提出如下建议。

1. 短期政策建议

（1）加大对社会价值投资理念的传播与倡导。结合国际国内社会价值投资的案例，系统总结社会价值投资观念、模式、优点和局限性以及与其他社会投资的关系，通过出版知识手册、媒体文章、公益广告、教育培训等方式，加大在政府部门、市场（特别是金融市场）、青年学生和一般社会公众中的普及和倡导力度。

（2）筹建几个社会价值投资联盟，把对社会价值投资有兴趣的企业家、学者组织起来推动社会价值投资的试验与推广。筹建几只社会价值投资基金，政府的投资引导资金也可部分进入引导推动。完善政府向社会购买公共服务的实施细则，把社会价值投资型企业列入政府购买服务以及 PPP 项目的范围，明确采购范围、标准和质量要求。在三板市场开辟一个“社会价值投资”板块，对准入、监管、评估以及参与投资者给予特殊的安排。

（3）积极推进社会价值投资市场的相关基础设施建设。有关部门应支持 3 ~ 5 家行业性、自治性的社会价值投资促进平台和联盟，出台相关的资格认证、准则、评估工具和体系，形成不同认证评估体系之间良性竞争和互补的格局，并以此作为政府采购和资助的参考依据。政府相关部门和研究机构、市场主体合作，推出核心社会服务的成本清单，为相关主体进入市场提供初始价格信号，并根据实践情况定期或不定期予以更新、完善。

（4）加大社会价值投资概念框架及其生态的研究。国家应将社会价值投资纳入课题资助规划，并鼓励在地方和相关部门开展试点，总结经验；将社会价值投资纳入高校和研究机构的社会创新和创业课程中；建立学术研究机构、智库、公益慈善机构以及企业的社会价值投资联合体，结合中国实际，对社会价值投资中的疑难问题进行深入研究和攻关；鼓励更多的企业将社会价值投资的相关研究和评估纳入公益捐赠和资助中。

（5）倡导责任型消费和采购。政府、企业和社会需要积极合作，倡导社会责任型消费和采购。政府在产品和服务采购时需要纳入社会责任标准。支持相关行业形成社会采购评价指标体系，将之纳入企业履行社会责任的规范。通过发布公益广告、举办主题活动等，提升消费者的社会责任型消费。

（6）在国有企业改革和事业单位改革中引入社会价值投资概念。在国资委与政府有关部门的参与和支持下，建立适合于国有企业的社会价值投资的几个权威评估机构，对国有企业的社会价值投资行为进行认证，进行事前、事中、事后评估，将社会价值评估纳入对国有企业的业绩考核中。鼓励部分适合条件的国有企业和事业单位向社会价值导向型企业、社会价值投资型企业转型。建立国有企业的社会价值投资基金。

2. 中长期政策建议

（1）完善法律与政策体系。第一，国家需要加快推进与社会价值投资、社会企业以及公益慈善机构从事经营性活动相关的立法，为创建关键的市场主体（如批发性社会价值投资机构）、证券交易市场（如社会证券交易所）、新的金融工具（如社会影响力债券）提供依据；第二，对现有涉及供给侧、需求侧以及慈善公益的法律法规进行修订，引入社会价值投资，并在社会价值投资的框架下进行衔接；第三，出台政策引导民营企业和国有企业参与社会价值投资；第四，在政府有关扶贫、节能环保、养老、健康、教育、PPP 等社会投资发展规划的实施方案制定中，全面纳入社会价值投资的理念和做法；第五，出台与以绩效给付为前提的税收、补贴、金融等相关的配套政策。

（2）发展市场主体和服务机构，完善生态体系。成立国家社会投资公司、社会投资银行和投资基金，提供批发性社会价值投资资本。完善公益慈善组织和社会服务机构的注册登记和评估制度，降低准入门槛，加强监管，促进社会组织蓬勃、健康发展。将社会价值投资的审计、评估、研究、咨询、法律服务机构或者相关业务列入免税和金融支持范围，促进投资服务机构的发展，出台相关规划引导和支持人才培养。

（3）创办“社会价值投资交易所”，或在上交所、深交所中建立社会价值投资板块，发行社会价值投资债券，引导对社会投资有兴趣、愿意推动社会价值投资的投资者参与和监督。

（4）建立跨部门的社会价值投资发展指导委员会。建立由国家发改委、财政部、民政部、国资委、证监会等政府部门，金融投资机构，公益界，学术界以及国际专家共同组成的社会价值投资发展指导委员会。

第1章

导　言

当前，世界各国都面临大量社会和环境挑战。在21世纪的头15年里，全球极端贫困人口比1990年减少了一半，但仍有10%的人口生活在极端贫困中。2015年，全球有590万5岁以下儿童夭折，有6630万人无法获得经过改善的饮用水源，有11亿人得不到关键的社会服务①。挑战也存在于不少发达国家，包括收入差距扩大、中产阶级缩水、青年失业率高企、种族歧视、移民和难民问题等，这些问题导致了民族主义和民粹思潮的盛行，以及对全球化的普遍质疑。在经济发展过程中，环境污染和生态退化问题也变得日益迫切，气候变化正成为地球上所有人的威胁②，贫困弱势群体尤其深受其害。

要应对这些挑战，需要大量的资金投入，但资金的缺口十

---

① 世界仍有13%的人口生活在极度贫困中，http：//paper. ce. cn/jjrb/html/2016－07/22/content_ 306859. htm。

② 联合国环境规划署：《全球环境展望：地区评估》。

分巨大。据联合国的估计，要使全球发展中国家顺利实现可持续发展目标（SDGs），到2030年每年需要投入3.9万亿美元，而目前公共和私人部门每年在相关领域的资金投入仅为1.4万亿美元，还存在2.5万亿美元的缺口①。在2008年国际金融危机后，疲弱的全球经济也进一步削弱了各国政府、市场和社会部门为社会领域融资的能力。当前，我们迫切需要创新投资模式，整合政府、社会和市场的力量，以高效、规模化、可持续的方式解决社会中存在的迫切需要解决的问题。

1.1 什么是社会价值投资

社会价值投资在中国也被称为“社会影响力投资”或“影响力投资”②，是一种追求可测量的社会价值并兼顾经济回报的投资形式，为应对社会领域的融资困境提供了新的选择。如果将传统的公益慈善作为一极，将传统的商业投资作为另一极，社会价值投资介于两者之间。这种投资方式具有明确的解决社会问题的意向，有事前预期和可测量的社会价值，同时兼

---

① UNCTAD（2014）：World Investment Report 2014. Geneva，Switzerland，(23 June 2014).

② 社会价值投资在引入中国时，也被译为“社会影响力投资”或“影响力投资”，但是“影响力”在中国语境下容易被误解为机构追求自身在社会中的认知度（recognition）和影响（influence），而不是良好的社会发展结果。因此，中文报告使用“社会价值投资”这一译法。对于已经约定俗成的机构名称和工具名称，如全球影响力投资网络（GIIN）和社会影响力债券（SIB），我们在中文中仍用旧称。

顾财务收益和可持续性，投资项目的财务回报率可以低于也可以高于市场平均回报率[①]。

社会价值投资将社会目标与市场手段相结合，具有一些突出的特点。社会价值投资有助于政府、市场、社会协力参与社会投资，促进了三部门优势资源的整合，扩大了资源动员的范围和基础，提高了资源配置的效率，使投资决策更加透明并可问责，使投资产生的社会效果更加有效、规模化和可持续。社会价值投资有其适用范围，因而并不取代传统的公共投资、公益投资和市场化投资，而是提供了这些传统投资手段之外的新选择，并推动传统投资手段的优化，形成优势互补。这些特性使社会价值投资得到投资界、公益界以及政府的青睐。

社会价值投资的概念一经提出，迅速引起了全球主流投资界和公益界的兴趣，并在多个领域和不同的社会进行了实践，展现出巨大的发展潜力。不仅如此，社会价值投资也引起了多国政府以及 OECD 等国际组织的关注，积极将之纳入主流政策框架。从各国实践来看，其领域涵盖但不限于减贫、养老、医疗、教育、小微金融、生态环境保护、清洁能源等，并特别关注贫困弱势群体（金字塔底层人口，Bottom of the Pyramid，BOP）基本需求的满足。

---

① 社会价值投资有别于社会责任投资，后者更强调将投资产生的负面影响最小化，前者则主动应对某些社会问题（这些问题不限于投资本身产生的负面影响），创造社会价值，因此前者更具主动性，后者相对消极。此外，社会价值投资也不同于一般意义上的社会目标投资，两者同样强调投资的社会目标要预先设定，但前者更加强调投资产生的社会结果和价值要可以测量。

1.2 中国为什么需要社会价值投资

自新中国成立以来，尤其是改革开放以来，中国的经济和社会都经历了飞速的发展。然而，发展过程中也存在突出的不平衡、不协调和不可持续问题，对未来的发展构成了严峻的挑战。值此全力向全面建成小康社会冲刺以及为实现现代化寻找可能的发展支撑之际，需要审视以前成功的经验和未来挑战的实质，寻求破解这些挑战的有效方案。

支撑一国经济和社会发展的，不外乎三种力量：市场、政府与社会。在这些力量的组合中，新中国成立后的头 30 年我国主要依靠政府的作用，政府在城市和工业发展等领域中起到了主导作用。市场的力量在这一阶段中基本不受重视。

在改革开放后的近 40 年中，政府与市场共同主导了这一阶段的经济社会发展，创造了史无前例的辉煌，同时也产生了一系列问题，使发展的公平性和可持续性受到了严峻的挑战。

要化解我国经济社会当前及今后发展所面临的挑战与瓶颈，还需要我们从政府、市场和社会三种力量有效组合的角度思考问题，以“创新、协调、绿色、开放、共享”为发展理念，寻找合适的化解方案。

因此，“社会价值投资”这一新的理念和工具，很快就引起了中国学者与社会实践者的注意。人们在寻找如何利用社会价值投资，倡导在依赖政府和市场两种力量的同时，进一步唤起和鼓励社会的力量，发挥社会部门的独特优势和功能，与政府和市场的力量有效结合，共同推动我国当前和今后经济社会的可持续发展。

推进社会价值投资在中国的发展，主要考虑三重必要性。一是筹资上的必要性。当前中国正全力向全面建成小康社会的目标冲刺，这意味着“十三五”期间要使现行标准下5600多万建档农村贫困人口全部脱贫，要实现1亿农业转移人口市民化，改造城市棚户区为1亿城镇人口提供体面住房，还要应对经济社会发展不平等、快速老龄化以及环境污染与生态退化的挑战。这些领域都存在巨大的资金缺口，社会价值投资可以在弥合缺口中发挥重要作用。二是社会治理上的必要性。社会价值投资在本质上也是一种社会治理模式，扩大社会部门的赋权，提升其主体性，为政府、市场和社会的协同提供了一种整合机制和渠道。三是社会价值投资对于中国当前改革中的两个难点问题——国有企业改革和事业单位改革，可能会提供借鉴和启示。正处于快速转型的中国社会，利益主体高度分化，利益诉求多样，利益冲突复杂严峻，需要新的机制来消弭社会裂痕，促成社会的合作与团结，共建美好中国。

社会价值投资具有在中国社会发挥巨大作用的可能性。在理念上，社会价值投资和中国文化中“义利兼顾、以义为先”的价值取向高度契合，与社会主义市场经济体制“共同富裕”的目标追求高度一致，也和“创新、协调、绿色、开放、共享”五大发展理念有深刻的共鸣，因此能够无缝嵌入中国社会和中国当前的政策框架。在实践上，中国社会也已经有许多相关和类似的探索，存在类型丰富的参与主体和具有中国特色的做法和机制，初步形成了相关的法律和政策体系，具备了一定的发展基础。但是，这些实践没有在社会价值投资的概念框架和规范下被清晰地认识、总结和整合，制约了其在中国社会中发挥更大的作用。

社会价值投资正在成为一场全球性的运动，中国在此过程中不可或缺。一方面，国际社会在社会价值投资领域已经做了许多有益的探索和总结，其经验值得我们借鉴；另一方面，中国作为世界上最大的发展中国家，在这个领域结合国情所做的探索，不仅对自身发展有极大的助益，对全球社会价值投资发展也可以作出独特、重要的贡献。

有鉴于此，本书尝试在借鉴国际经验和范式的基础上，对中国社会价值投资生态系统中的供给主体、需求主体、方法和工具以及制度与政策环境进行介绍和总结。我们期待通过这一工作，可以在国内进行理念倡导和知识普及，凝聚共识，总结经验和不足，提出改进的意见和建议，从而推动将社会价值投资纳入中国主流的政策框架。同时，本书作为特定时点上对中国社会价值投资的记录，可以向国际社会同行介绍中国社会价值投资的工作进展，促进相互理解与合作，推动将社会价值投资纳入更大的国际发展政策框架中。

第2章

社会价值投资概念的起源与框架

2.1 引言

社会价值投资旨在将经济激励和社会目标相结合，以产生正向的社会和经济变化。本章将阐述其中一些起源，这将有助于我们清楚地界定社会价值投资并使之与其他概念相区别，以便更清晰地对它进行分析和讨论。

总体上看，社会价值投资有两个不同的历史和思想起源。第一个起源可以追溯至社会成本效益分析（social cost-benefit analysis）。二战之后社会成本效益分析在与发展、公共服务和监管领域相关的研究中开始流行起来。社会成本效益分析的核心是认识市场定价的缺陷，即市场定价有时无法反映一次交易对社会的真实成本和效益，比如对外部性和一些市场缺失情况下的成本完全忽视。社会成本效益分析为公共部门评估公共行为（政府项目、政策等）所带来的社会效率改善提供了工具和方法。

社会价值投资的第二个起源是近期的关于社会企业家精神（social entrepreneurship）和社会企业（social enterprise）的思想和实践。20世纪90年代，一种认为企业家的使命不必仅限于追逐他们的利润或他们股东的利益的观点开始逐渐流行。企业家的目标可以是为社会创造价值（社会价值或影响力），而且不一定只限于单单考虑到他们的行为和决策对社会的影响而采取行动（企业的社会责任，CSR），还可包括主动地帮助解决特定的社会问题。也就是说，他们的目标不必再局限于自身利益或者减少自身行动的负面影响。在最近的一二十年中，社会企业运动逐渐扩大，且在不同发展阶段的国家以多种途径主动地为社会创造价值。

【专栏】 2019年美国商业圆桌会议宣言

2019年8月，181家美国顶级企业的首席执行官在商业圆桌会议上联合签署了《公司宗旨宣言书》（简称《宣言书》）。《宣言书》提出，股东利益不再是一个公司最重要的目标，公司的首要任务是创造一个更美好的社会。

《宣言书》强调，作为一个具有社会责任意识的企业，公司领导团队应该致力于达成如下目标：向客户传递企业价值；通过雇用不同群体并提供公平的待遇来投资员工；与供应商交易时遵守商业道德；积极投身社会事业；注重可持续发展，为股东创造长期价值。

《宣言书》所倡导的并非一个全新的观念，而且并没有给出明确的规划和操作路线图。但是，《宣言书》由这些行业领先企业首席执行官联合签署并发布，仍然体现了企业界在创造社会价值、建设美好社会这一方向性共识上所取得的积极进展。

社会价值投资的概念和实践来自两方面的起源：社会成本效益分析为公共行为提供了依据，也为度量干预的效益提供了方法；社会企业则拓展了公共行为的参与者，使其不仅限于政府部门和传统的慈善组织。政府、社会企业、非政府组织、社会组织甚至私人组织都可以是参与者。社会价值投资的概念比这两个起源更宽泛，在某种意义上，它是这两个起源的并集而非交集。

2.2　社会企业家精神及社会企业

社会企业是一种由社会企业家领导的企业或公司，其宗旨是以可持续的方式引发及促进社会的积极变革，提升社会福祉，加强社会公平。有两点值得我们关注。

第一，社会企业不同于传统的行为方，而是新的变革的推动者。传统的行为方有两个，一是市场，二是政府。正如经济学理论所阐明的，市场虽然能在某些理想情况下实现社会福利最大化，但在实践中却由于信息不对称、交易成本、外部性以及市场缺失等原因，经常发生一系列失灵，也就是“市场失灵”，而这正是构成政府开展各项公共干预的原因。原则上，政府应同时具有完成这项工作的动力和能力。但从社会主义国家到资本主义国家，从发展中国家到发达国家，上百年的历史清楚地表明，政府往往也不能完成这一工作，因为构成政府的部门和个人并非没有偏向（或以公共利益最大化为目标），而且往往也缺乏必要的能力、知识和专业经验。也就是说，也存在“政府失灵”。鉴于这两个传统的行为方均未能成功地满足社会对其的预期，还存在哪个第三方可担此任？关于社会企业的文献普遍认为，这一空白可由社会企业填补。

第二，虽然社会企业被视为新的行为方或变革者，但其概念实际上源自一些更早期的概念，主要是“慈善”及“企业的社会责任”。前者主要通过捐款，而后者则既可通过捐款也可直接积极地参与相关过程，来推动社会进步，并在这后一方面与社会企业家的角色相似。在近代，这两种促变的工具一直都比较活跃，在纠正市场失灵和政府失灵方面发挥了重要作用。在剖析社会企业概念时，我们将充分注意它与这些更早期的概念和做法的区别。

2.2.1 社会企业的主要特点

社会企业最重要的特点，也是使其区别于其他相关概念和做法的特点是：其存在的目的是通过直接参与和管理变革过程来创造社会价值，特别是在提升社会福祉和促进社会公平方面。其具体方式可以是帮助解决一些社会问题，或为一些社会弱势群体争取利益。社会企业的目标并非（至少不首先是）为了实现某一个人的利益最大化，无论他是企业家还是其股东。

社会企业在追求这个目标时，还必须实现可持续运营。它至少必须在一定程度上创造收入，以便进行再投资。社会企业可能会接受一些资助以补充收入维持运营，这些资助可来自知名慈善机构、私营企业的企业社会责任部门或政府基金。但与此同时，社会企业也应该有自身的创收业务，因为无论通过哪个外源获得所需资源，都可能是临时的、非持久的。也就是说，如果其自身不能创造收入，那么它的事业在一段时间后就可能停止，从而无法产生长久的影响（参见下文中的讨论）。

为此，有必要明确区别社会企业的以下两种业务：

一是旨在直接解决特定社会问题并创造社会价值的业务，可称为社会企业的主业务。

二是旨在创造收入从而维持上述主业务的业务，可称为社会企业的从业务。

在某些情况下，这两种业务可以是同一种业务，比如当一家社会企业向其服务用户收取一定费用以维持运营时。在其他情况下，这两种业务可以是完全不同而相互独立的，甚至无任何技术或社会层面上的关联性。两种情况都有可能，但后者似乎更为常见。

2.2.2　社会企业是否真有可能

社会企业是否真有可能？在许多主流经济学家看来，社会企业的概念太过离谱，因为如果你相信所有个人只会追求自身利益最大化而不存在任何其他动机，那么社会企业就无从谈起。在这些人看来，所谓社会企业家只是在玩欺骗的把戏，而其真正目的是实现自身利益最大化。

该问题实际上涉及有关人类可能拥有的真实动机以及个人理性等哲学问题。阿玛蒂亚·森在该问题上是被广泛公认的权威。阿玛蒂亚·森认为，人类实际上拥有许多动机，自身利益最大化只是其中之一，并且经常视具体情况而定。在近代的相关文献中，该问题经常是以在自身与他人之间选择合作还是不合作的形式出现。选择合作则在一定程度上放弃自身利益。如果只考虑自身利益，则选择不合作。在著名的“囚徒困境”游戏中，两名玩家均只追求自身利益，因此均选择不合作。而且，不合作是两名玩家的优势策略，因为不管另一玩家怎么做，选择不合作都符合两名玩家各自的利益。但游戏的结果是，每名玩家的结局实际上都不如彼此合作的结局。即使游戏重复任何次数（只要不是无限次），都是这种结果。

与“囚徒困境”游戏的逻辑相反，阿玛蒂亚·森提出了被叫作“确保原则”的行为准则。他认为，在选择合作还是不合作时，如果合作可为各方带来更大收益，许多人都可能会在他人也选择合作的前提下选择合作。阿玛蒂亚·森将这种行为原则称为“确保原则”。

那么，如果“囚徒困境”游戏中的每名玩家都遵守该法则，他们在一开始就不会选择欺骗对方，而是先选择合作，观察他们的善意是否有回报，然后在下一轮游戏中据此再作出选择。

在阿玛蒂亚·森的最初分析中，只有两名参与者（如同在典型的“囚徒困境”游戏中那样）。若有多个参与者，则上述思路可产生“确保原则”的许多变体——“只要其他一人、两人、三人……合作，我就合作”。通过这些变体可产生许多可能的自身利益追求形式，其中，“完全自身利益最大化”（不管别人怎么选择，都选择不合作）只是一种可能的形式，“完全利他主义”（不管别人怎么选择，都选择合作）也只是众多形式中的一种。

在社会企业情境下应用这一分析，可以发现，个人（企业家）不需要完全地利他就能具备社会企业家的精神。也就是说，即使人们不完全地利他，即使他们在一定程度上也关心自身利益并采取行动实现自身利益，只要他们不像“囚徒困境”中的玩家那样完全利己，那么真实的社会企业家精神以及社会企业就有可能存在，并且这种可能性甚为广阔。

2.2.3　社会企业家精神的形式

的确，追求自身利益的各种形式反过来可以被视为利他主义的各种形式，或个人放弃自身利益与他人合作的意愿的各种形式。与此相匹配的是社会企业家精神的各种形式或程度，即企业家愿意追求社会事业而非自身利益的各种程度。这些合作或不合作形式并不是非此即彼，而是可以有不同的交融组合。图 2.1 描述了这一模式，将传统企业及慈善机构置于程度变化的两极。

这种多样性从一方面来看是一种优势，但也意味着公共监

商业模式光谱
主要动力是实现社会价值

影响力投资
实现可度量的社会价值和经济回报

商业模式光谱
主要动力是实现经济价值

慈善资金完全来自资助、捐款和捐赠

部分市场化的收入来源

潜在可持续性：收入75%以上来自市场

社会企业：利润被用于再投资

使命驱动的营利企业（如B-Corp）

企业社会责任及企业慈善（社会责任投资的目标）

完全以利润为导向：主流投资者

非营利性 | 营利性

图 2.1　社会企业的光谱

资料来源：Rahman（2015）。

管机构面临严峻挑战，因为须正确识别真实的社会企业并将其与虚假的社会企业区别开来，特别是在一个社会企业能够享受到政府及社会的某些“优惠待遇”的情况下。优惠待遇可包括优先获取融资、税收优惠及市场准入等。可想而知，这些优惠将刺激某些传统企业去冒充社会企业。如上文所述，由于社会企业可能既从事主业务，也开展从业务，而后者虽然是为了资助前者，但主要是以盈利为目的，而政府往往缺乏必要的信息和工具去识别社会企业主业务和从业务的区别，因此社会企业被冒充的可能性比较大。另一些企业也可能会冒充社会企业，而实际上只追求自身利润或利益最大化。在政府向社会企业提供大力支持（经济或其他支持）的情况下，这种情况尤其可能发生。

我们很难直接识别出作为社会企业运营的企业的真实动

机。声称为社会企业的企业，其动机也没有明确的分水岭。有效监管必须采取不同战略，即使用一系列可衡量的客观指标。这里，需要实现一种微妙的平衡：一方面，鉴于诸多可能的人类动机，社会企业资格的门槛太高可能会阻碍潜在企业家充分实现他们的社会企业潜力；另一方面，门槛太低又可能导致政策被滥用。

一个重要的控制工具是，规定社会企业在主业务与从业务之间合适的交叉补贴率。具体来说，企业要想获得社会企业资格，从业务创造的利润/收入中至少要有一定比例用于补贴主业务。在选择最低比率时，以下考量非常重要：

- 需要广泛调动个人潜力践行社会企业家精神。
- 但这必须与阻止虚假社会企业的需要相平衡（比率越低，冒充的动力和范围越大）。
- 该比率至少应能将社会企业区别于仅履行某些企业社会责任的传统利润最大化企业。

2.2.4　可持续、理想型社会企业及慈善资金

可持续性是社会企业的一个重要组成部分。一方面，它把社会企业与一次性或临时开展的社会及公共事业活动区别开来；另一方面，它将社会企业与不收费的只靠慈善资金支持的事业区别开来。这些只靠慈善资金支持的事业，其目标也是解决社会问题，但没有支持其长期运转的可靠的资金来源。

社会企业的可持续性有以下各种情况：

- 维持足够长的时间，使目标社会问题完全解决。

- 维持足够长的时间，为解决目标社会问题作出重要的、不可逆转的贡献，但不能完全解决目标问题。
- 维持足够长的时间，为解决目标社会问题作出一定贡献，无论是否不可逆转。

显然，有一定的不可逆转性是最理想的，但在实践中满足这一标准很难。因此，社会企业的广义定义可能是满足上述任何水平的可持续性，狭义定义则是满足一些不可逆转性标准。

2.3 社会价值投资：概念框架

2.3.1 何为“社会价值投资”

清楚地界定什么属于“社会价值投资”，什么不属于“社会价值投资”，是社会价值投资概念的核心所在。可把“市场价值投资”看作是与社会价值投资相对应的概念。前者只接受市场认可的价值，而后者则超出这一范畴。如果把一项投资活动的市场价值和社会价值看作两个集，在大多数情况下，无论从效益还是从成本来说，两者可有重合之处，但也有不重合之处。

社会价值投资的核心是超越市场定价来核算一项投资活动的效益与成本，旨在涵盖该项投资活动的所有对社会和经济的影响，并在此基础上作出决策。市场价值投资则只就由市场认可的该项投资的效益和成本作出决策。

2.3.2　社会价值投资的主体

社会价值投资有广义和狭义之分。如果说狭义的社会价值投资主要注重投资的动机，即以创造社会价值为动机而进行的投资，那么广义的社会价值投资可被认为是就投资的结果而做的定义。广义的社会价值投资既包括所有创造社会价值的投资，也包括有利于社会福祉的所有市场价值投资，即仅根据投资的市场价值而进行的投资。本章所遵循的是狭义的定义，但也不失在讨论社会价值投资主体时从广义上理解社会价值投资。

从广义的社会价值投资来说，传统的主体主要有市场和政府两种。其中，一般认为最重要的还是市场。市场为人类的大部分经济活动提供了配置资源以及最终产品和服务品的机制。然而，就如前文所指出的，经常存在市场缺陷和缺失的情况，需要政府代表公共的利益补充市场的功能和弥补市场失灵。

另一支传统的弥补市场失灵的力量是慈善，它实际上构成了推动广义社会价值投资的第三种力量的雏形。但一般说来，依赖慈善所能解决的社会问题的规模是较小的。在 20 世纪，对企业履行其社会责任的倡导使得企业成为与慈善并列的另一支第三种力量，但其作用范围往往只限于帮助应对由企业自身造成的社会问题。

推动广义社会价值投资的最重要的第三种力量还是在最近数十年中兴起的社会企业和社会企业家精神运动。这一运动的最重要之处是否定了企业和企业家只可能是为了追求其自身利益的神话。个人的动机可以是多种的，而追求其自身的利益只是其中一种动机，尽管是最为重要的动机。另外，追求自身利益也不一定是完全排他的，也就是说，并不一定完全不顾及他人利益或完全缺乏与他人合作的动机。如果这一观点是成立的，那么社会企业家精神和社会企业是完全可能的。

承认社会企业家精神和社会企业的可能存在大大扩大了第三种力量参与者的范围和规模。一般说来，第三种力量的参与者可包括：慈善机构，践行企业社会责任的私营和公有企业，社会企业，非政府组织，民间社团组织，其他。

应当说明，提倡第三种力量的加入并不是为了取代市场和政府的功能和作用，而是为了弥补它们的功能缺失和失灵。一个理想的制度构架是充分发挥三种力量各自的特长和优势，相互支持和配合。

社会价值投资的全过程包括投资理念的形成和立项、筹资、投资的执行和管理、工程的承包与验收，以及投资完成后终端产品或服务的提供。三种力量之间的相互配合可以在全过程任一阶段之中，也可在各阶段之间展开。当然，构成第三种力量的各方之间也亟须展开合作，优势互补，以共同实现投资的社会目标。

2.3.3　社会价值投资生态体系

社会价值投资发生于投资者和被投资者两方。但是，从投资者提供资金到获得经济回报，中间要经过一系列的转化过程：资本供给者不一定能直接找到被投资者，需要借助中介机构（渠道）；中介机构需要借助一定的金融工具和投资方式实现投资；获得资金的社会价值生产者需要将资金投入产品或服务生产过程，然后销售产品和服务获得收入，再依约支付投资收益。这样一个转化过程发生于特定的制度和社会环境，涉及诸多主体，借助一定的工具和手段。这些主体、工具和手段以及支持性的环境，共同组成了社会价值投资。

在长期的社会价值投资实践中，产生了类型众多的主体，根据其在社会价值链中的位置，大致可以分为4类：第一类主体位于社会价值投资资本的源头，包括政府、投资批发商、慈善信托和基金会、机构投资者和银行、公司、高净值人群等；第二类主体是投资中介，包括社会银行、社区发展金融机构、影响力投资基金经理、众筹平台等；第三类主体是需要资金的社会价值生产者（社会价值型组织），包括慈善机构、社会企业、兼顾利润与社会目的的企业等；第四类为社会价值的购买者，包括政府、基金会、社会责任型的个体消费者和企业（见图2.2）。不过，这样的划分并不总是清晰的，因为许多主体同时在社会投资价值链的多个环节出现，承担不同的功能。

由于各国经济社会发展背景的差异，各国的生态体系构成以及不同主体的角色都存在一定的差异①。譬如，英国政府的角色很突出，美国是各种基金会以及主流投资机构发挥引领作用，法国和意大利的民间社会组织起着主要的推动作用，而在

① 《八国集团社会价值投资发展报告（2014）》。

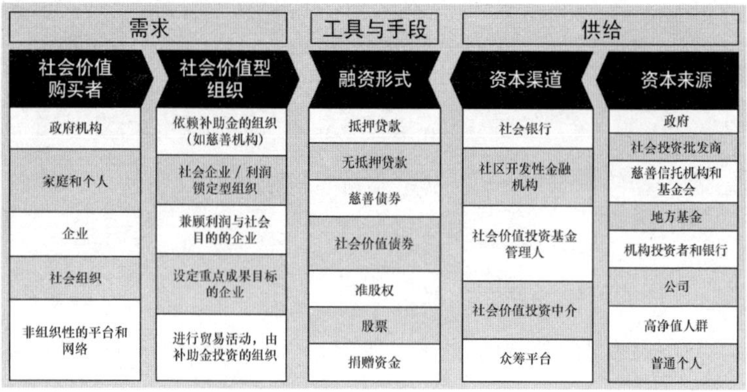

图 2.2　社会价值投资生态

资料来源：根据《八国集团社会价值投资发展报告（2014）》编制。

日本大公司发挥重要的驱动作用。

2.3.4　社会价值投资与新公共管理

三种力量之间相互展开合作的一个具体且重要的方面是，政府通过各种准入制度和财政补贴给予（狭义的）社会价值投资的支持。在近代，无论是在美国等发达国家，还是在中国等发展中国家，由于政府常常是全社会所认可的唯一的公共利益的维护者和监管者，而且政府能够通过公共权力与税收等手段掌控和重新调配社会中的大量资源，公众对政府作用的期望大幅增加。这一方面代表了社会进步①，另一方面也使得政府的职能日益膨胀，常常进入一些不适合由政府通过行政权力来直接进行调配和管理的部门，比如说医疗卫生、教育、养老、

① 即政府对社会的发展承担起了更多的责任，从而有助于促进社会整体以及个人的发展。

环保等公共服务部门，这会导致资源的错配和浪费，在一些情况下甚至导致政府的部门或个人损公肥私。自 20 世纪 80 年代在西方兴起而后不断完善的新公共管理学理论，其主要观点就认为，在许多公共服务领域，政府应该减少其直接存在，即不再担当相关服务直接提供者的角色，而将提供者的职能交由市场等社会力量来完成；政府的职能只限于提供相关资金支持，以及进行必要的监管等。

新公共管理学的一个重要缺陷是将注意力主要放在了政府与市场的合作（即所谓的 PPP）之上，即传统的市场—政府关系之上，而无视社会价值投资的可能性。引入社会价值投资即意味着在由新公共管理学所考虑的各个公共服务领域中引入除政府与市场之外的第三种力量。

应该说，在社会价值投资可能起作用的诸多领域中，与政府以及市场进行合作提供社会认为必要的公共服务是一个重要的方面。无论在新的还是传统的公共服务领域内，都可一改过去由政府充当相关服务直接提供者的做法，最大限度地发挥社会价值投资抑或市场的作用。政府可将其职能仅限于提供必要的资金支持以及相关监管。

2.3.5　社会价值投资的是非真假

既然把提供相关公共服务看作政府的职责，那么政府为相关社会价值投资主体提供必要的资金以及政策支持也应该被认为是合适的。然而，这导致了一个问题，即如何防止假的社会价值投资主体冒充真的社会价值投资主体套取公共资金和优惠条件。

与上文关于真假社会企业的讨论相同，任何从事社会价值投资的主体也有真假之分。以社会企业为例，由于其投资和经营动机的不可直接辨别性，其性质又决定了常常有主业务与从业务之分，而且从业务的任务就是为了赢利以支持主业务，这种制度安排为假社会企业鱼目混珠为真社会企业提供了方便。如何制定出合适的办法加以有效甄别，而又不打击个人和社会团体中广泛存在的社会企业家精神，是相关监管部门面临的主要挑战。可能的监管工具包括：制定跨主、从业务补贴标准，认证，监督和评估，奖励和处罚，其他。可能的监管范围可涵盖相关投资的全过程以及最终产品和服务的提供。

2.3.6 使用者参与及赋权

在整个投资理念的形成、项目的设计与立项、项目的筹资与执行、项目的交付，以及最终产品或服务的提供与经营各个阶段，不但需要有自上而下的引导、资金和业务支持，以及必要的监管与奖惩，还需要有自下而上的来自目标受益方或使用者的配合、参与、合作。首先，严格说来所进行的投资以及所计划提供的最终产品或服务，其目的是增加相关目标受益方或使用者的福利，而他们自己是最有权就项目的合适性和效益进行评价的。其次，相关受益方或使用者也是最可能了解基层情况，对项目的设计和可操作性提供建议的。最后，相关受益方或使用者也许是对项目的执行情况以及最终产品或服务的提供情况最为了解的，可帮助监督和评估相关项目的执行情况以及最终产品或服务的提供情况和质量。因此，充分发挥来自目标受益方或使用者的自下而上的参与和合作，应是有效促进社会价值投资不可或缺的一环。

在许多强调公共服务中受益方或使用者参与作用的文献中，赋权是另一个被广泛强调的概念。在相关场景中，所谓赋权，指的是使相关目标受益方或使用者更知情、更有信心表达自己的偏好和见解，以及更勇于维护自身的合法权益。一个缺乏知情、缺少信心表达自己偏好和见解，以及缺少勇气维护自身权益的人是不可能有效地参与相关社会价值投资过程并为之作出贡献的。

第 3 章

社会价值投资的国际实践

3.1 引言

当前，不论是发展中国家还是发达国家，都面临一系列的社会挑战，解决这些挑战需要大量的资金投入。然而，仅仅依靠政府部门的公共资金以及慈善组织的资金投入，远远不能满足应对这些社会挑战的资金需求。据联合国的估计，要使全球发展中国家顺利实现联合国可持续发展目标（SDGs），到 2030 年每年将要投入 3.9 万亿美元，而目前公共和私人部门在相关领域的资金投入仅为 1.4 万亿美元，还存在 2.5 万亿美元的缺口①。

社会发展领域巨大资金缺口亟须创新融资机制予以解决，社会价值投资是其中极具潜力的选择之一。“社会价值投资”

① Development Goals Without Money Are Just a Dream, Saadia Madsbjerg, Lorenzo Bernasconi, 2015.

这一概念于 2007 年被首次提出，但是类似的实践已经有不短的历史[①]，其思想源流也更为久远。2010 年，摩根大通、洛克菲勒基金会和全球影响力投资网络（GIIN）共同发布报告，将社会价值投资定义为“一种新型的资产类别”，迅速引起了主流投资界、公益界的关注和响应。之后，许多发达国家的政府、国际组织也积极跟进。英国在担任 G8 轮值主席国期间发起了“社会价值投资工作组”，各成员国成立了国别顾问委员会并准备了国别研究报告。经济合作与发展组织、世界经济论坛近年来也陆续发布了相关的专题报告。这些努力使社会价值投资向主流化迈出了坚实的步伐。

3.2　全球社会价值投资发展概况

尽管社会价值投资这一概念被正式提出仅十多年时间，但是类似和相关的做法已经久有实践。2000 年，英国政府成立社会投资小组（Social Investment Taskforce），目的是“探讨如何利用企业家的做法达成有更高社会和经济收益的社会投资，利用新的技能改善经济并释放新的私人和机构资本”。2007 年后，特别是在 GIIN、摩根大通公司和洛克菲勒基金会 2010 年共同发布《社会价值投资：一种新型的资产类别》之后，社会价值投资成为令投资界和公益界瞩目的新势力。2011 年，

① 如美国的社区金融、欧洲的合作社。

全球社会价值投资网络联合摩根大通开始发布年度社会价值投资者调查报告，追踪全球范围内的社会价值机构投资者的投资业务和投资意向。2014 年 G8 社会价值投资工作组（G8 Social Impact Investment Taskforce）由英国政府成立，社会价值投资正式被纳入国际政策议程。

根据 GIIN 的评估，2018 年来自私人部门的社会价值投资总额已达 331 亿美元。由于该调查不包括个人投资者，且仅考虑总投资额超过 1000 万美元或投资项目超过或进行过超过 5 笔社会价值投资，当年全球社会价值投资的总体规模应该超过 331 亿美元，所调查的投资者表示 2019 年计划投资将提高，总计达到 372 亿美元（见图 3. 1）。如果将公共部门完成的基础设施投资以及对发展中国家的开发贷款等投资纳入统计，社会价值投资的规模则更大。

根据 2019 年社会价值投资调查[①]的统计，调查覆盖的大型机构投资者中，总部位于发达国家的占比超过 78%。这些投资者管理的资产分布更为广泛，在剔除异常值后可以看到，38% 的资产投资于欧洲和北美发达国家，非洲、中东、拉丁美洲、亚洲、中东欧吸纳了约 52% 的社会价值投资。如果纳入全球性、国际性的投资，如盖茨基金会对疟疾、HIV、脊髓灰质炎等疾病的科研投资，亚洲、非洲、拉丁美洲等地区吸收的投资比例会更高，因为此类投资所惠及的人群多居住于这些地区。

---

① GIIN：Annual Impact Investor Survey 2019.

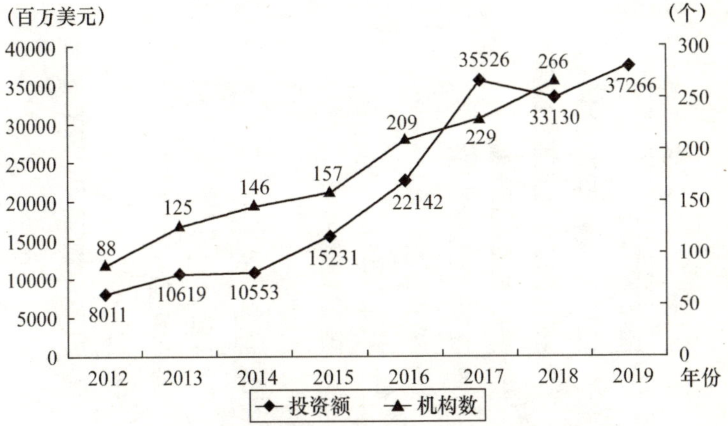

图 3.1　GIIN 统计的全球社会价值投资增长趋势

注：全球社会价值投资调查对机构的采集标准为机构自我报告管理的社会价值资产总额超过 1000 万美元或进行过超过 5 笔社会价值投资。

资料来源：《2019 年社会价值投资调查报告》。

与传统投资相似，社会价值投资者青睐能够快速扩大规模的行业。根据调查①，在剔除异常值后，大量资产投资于小微金融，除小微金融外的金融服务、能源和住房。这四个行业吸收了 46% 的投资（见图 3.2）。

3.3　国际社会价值投资的实践

社会价值投资在全球范围仍是一项方兴未艾的运动，展示出蓬勃的发展潜力。在全球社会价值投资版图中，以美国、英国为代表的发达国家是主要的倡导者和引领者，初步形成了主

① GIIN：Annual Impact Investor Survey 2019.

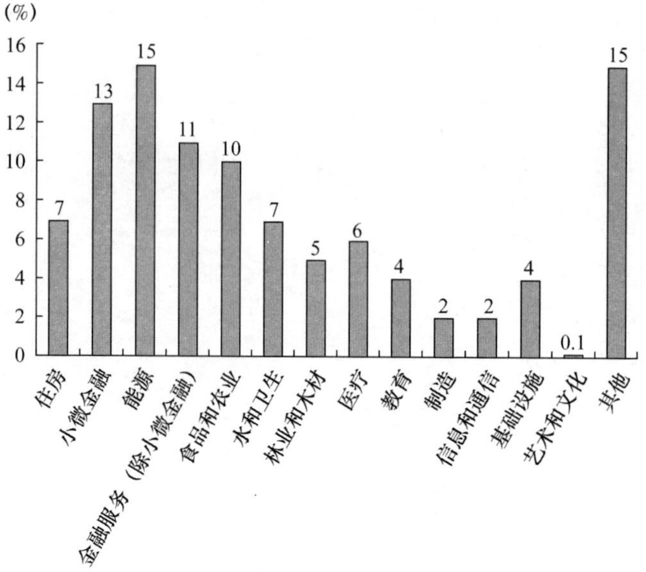

图 3.2　社会价值投资的行业分布

资料来源：《2019 年社会价值投资调查报告》。

体多元、层次丰富、功能完整、手段和工具多样的社会价值投资体系；而广大的发展中国家则成为社会价值投资的热土，在发达国家的支持和援助下，越来越多的社会投资项目在发展中国家落地生根，并在实践过程中结合本地的经济社会背景以及资源进行了多样的创新。

3.3.1　英国的社会价值投资

在发达国家中，英国的社会价值投资生态较为完整和成熟，在政策体系、融资工具开发、市场建设以及生态体系构建等方面都做了许多开创性的探索，这和英国在社会投资和社会企业等领域久远的传统和良好的基础是分不开的。英国目前有超过16万家慈善机构和7万家社会企业，这些机构每年的收入超过600亿英镑，从业人员超过150万人，在英国GDP和从业人口中的比重分别达到4%和5%[①]。

从狭义的社会价值投资定义看，英国的市场规模仍比较小。据英国社会价值投资工作组顾问委员会（2014）的估计，英国每年投入慈善机构和社会企业的专业化社会投资与来自金融中介机构的贷款总计约为2亿英镑，其中90%为抵押贷款。不过，如果将传统商业性金融机构的贷款以及营利性企业的相关投资计算在内，规模将大得多。大社会资本（Big Society Capital）的调查显示，英国2015年、2016年分别新增投资4.27亿、6.3亿英镑。投资包括多种产品形式，如慈善债券、合作社股权、股权类资本、非银行借贷、社会影响力债券、社会性银行贷款等。自2015年底，英国社会价值投资市场价值年增速超过30%，社会组织资金短缺问题得到缓解。2018年，英国社会价值投资市场总量已超过35亿英镑[②]。

尽管英国社会价值投资的发展基础和趋势良好，但是对于初创的社会企业来说，5万~25万英镑的早期投资金额仍然比较短缺[③]。英国社会机构面临的挑战仍是寻找合适形式的小额早期融资。36%的受调查社会企业在过去一年中尝试融资，比

---

① UK Advisory Board to the Social Investment Taskforce Report September 2014.

② Big Society Capital, For third year in a row, UK Social Investment Market grows by 30%-now worth over £ 3.5 billion.

③ UnLtd, Mind The Gap: Solving The Challenges of Accessing Capital For Early Stage Social Ventures.

例远超类似的中小企业[①]。

社会价值投资的供求缺口也促使英国政府和社会积极开展了各项创新，为全球社会价值投资提供了许多可借鉴的模式和经验。譬如，英国于2010年在全球首次发行了首只社会影响力债券（Social Impact Bond），旨在为减少刑满释放人员的再犯罪率提供项目融资，收到了良好的成效，成为全球性的典范。

【专栏3-1】　彼得伯勒项目

针对刑满释放人员再犯罪率高企这一突出的社会问题，2010年英国发行了世界上第一只社会影响力债券，募集资金投资于“彼得伯勒项目”（Peterborough Project），通过开展实验性干预来减少彼得伯勒地区刑满释放人员的再犯罪率。项目的设计者和中介是英国社会金融公司（Social Finance Ltd）。项目最初设计期限为96个月。

根据项目设计，服刑人员被随机分为三批测量其出狱后12个月内的再犯罪率。测量结果用来与统计特征相符的对照组进行比较，并根据改善再犯罪率的幅度进行投资收益兑付。该项目延续到2016年。项目的预期目标包括：（1）将每批刑满释放人员的再犯罪率降低10%以上；（2）如果任意

① Social Enterprise UK，Capitalism in Crisis：State of Social Enterprises 2019.

一批未达到10%的目标，则三批人员的整体再犯罪率也要降低7.5%以上。只有实现至少其中一个目标，投资人才能够收回投资并获取投资收益，收益率为2.5%～13%，与再犯罪率的下降幅度挂钩。还款资金来自英国司法部和英国彩票基金（The Big Lottery Fund）。

项目从17家慈善信托和基金会募集了500万英镑作为起始资金，交付项目执行方使用。项目执行方为具备专业犯罪干预经验的公益组织圣·吉尔斯信托（St Giles Trust），其委托当地的社会组织、非政府组织、社区利益公司（Community Interest Company）[①] 为从彼得伯勒监狱出狱的3000名罪犯提供一整套服务，包括提供住房、戒酒戒毒、就业、育儿及心理辅导等，为他们出狱后提供稳定的社会环境并帮助他们找到工作，以防止或减少再犯罪，同时也减少未来司法、监狱关押等相关成本。这些服务内容均由当地社会组织订制。

项目由格林威治大学和莱斯特大学组成团队开展独立评估。2014年8月公布了第一阶段的试验结果：首批参与试点的刑满释放人员中，再犯罪率降低了8.4%，而同期英国再犯罪率则提高了10%。项目虽然未达到预期的10%以上的降幅，但还是充分验证了政府、投资人、公益组织三方合作的可能性，具有显著的成效。2015年由于英国政府普及了

① https：//www. brookings. edu/wp-content/uploads/2016/07/Impact-Bondsweb. pdf.

出狱社会服务，该项目被提前终止。

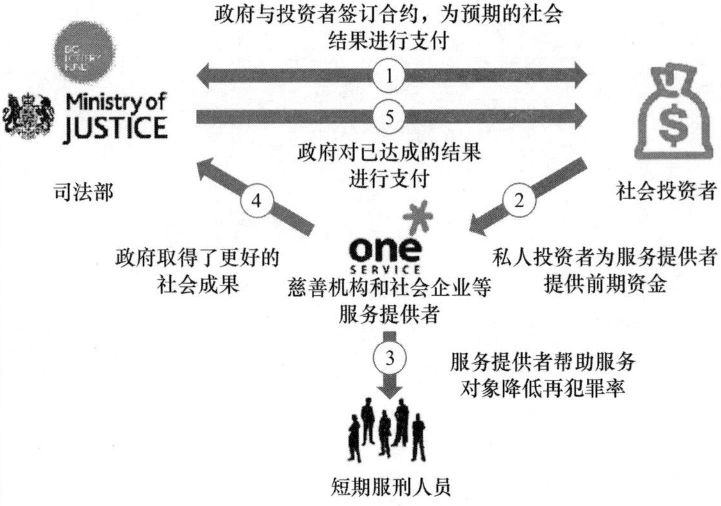

▶私人投资者取得预期成果后会获得报酬：结果越好，回报越高。

图 3.3　彼得伯勒项目结构

英国于 2012 年成立的全球首家社会投资批发银行——大社会资本是又一个重要的创新。大社会资本利用沉淀在商业银行中的休眠账户资金，以银行的方式运营，为相关的社会投资项目提供贷款。这一方式激活了闲置的资源，对于缓解社会组织和社会投资项目的资金短缺具有重要意义。

【专栏 3 -2】　　英国的大社会资本

2012 年 4 月，在时任英国首相卡梅伦的推动下，“大社会资本”在伦敦证交所正式运作，来自英国银行系统的 4 亿英镑休眠账户资金和商业金融巨头巴克莱银行、汇丰银行、劳埃德银行和苏格兰皇家银行的2亿英镑投资，共同构成了总额达6亿英镑的大社会资本。大社会资本是全球首家社会投资银行。大社会资本按私人有限公司注册，是完全独立于政府的运作体系，政府在其8人董事局的席位中只占其一。

大社会资本并不直接与非营利机构或者社会企业合作，而是通过进行社会投资的金融中介公司、银行、基金或社会影响力债券等来运作，并辅助政府促使社会组织提供更多的社会服务，以引导影响力投资市场的发展。根据大社会资本介绍，大社会资本在2012~2014年已经承诺投资1.5亿英镑给31位社会投资经理和1个社会银行，使其共同调配无担保债务、担保债务和股权，并吸引了来自第三方的配套投资，其中包括主流投资经理、风投公司、散户社会投资供应商、散户慈善债券等；同时，它与英国政府合作设计税收优惠政策，这将对风投资本信托投资者的长期激励机制延伸到社会影响力基金。不直接介入投资社会企业主要有两个方面的好处：一是促进中介投资机构的培育和发展；二是身份更超然，可以作为社会投资市场的倡导者，直接替整个市场向政府呼吁，客观地反映社会投资市场的需求。大社会资本可以实现盈利，但是所有利润必须投放到用于社会目的的基金会里。

大社会资本的投资领域主要有四个方面：（1）参与式领域，属于众投形式。此类项目主要为针对社区的项目。社区成员可一起集资购买，然后以参与的形式进行投资。如英国有些社区有一些闲置的老旧房子无人看管，社区成员可以每人以100或200英镑的股份，联合把整栋房子买下。如果他们自己凑的钱不够，大社会资本可以通过相关的中介基金给他们贷款，帮助他们把整栋房子买下来自己经营。(2) 社会创新领域。此类项目针对的是一些新启动的社会企业，因为其风险相对比较高，属于风投与影响力债券的市场范围。这主要是针对基金会、富人发放的投资项目。作为保荐人，大社会资本帮助英国几家知名慈善机构成立慈善组织债券。(3) 针对中小慈善机构的金融领域。有一些中小慈善机构运作良好，又不愿意接受投资扩张，大社会资本便通过相关合作的基金会，针对其日常运作所需要资金情况提供相应的银行服务。(4) 大规模化的投资项目，如房地产、健康护理等方面。此类项目有稳定的回报，但是需要注入的资金很大，项目自身融资困难，于是通过大社会资本来寻找相关资金。

资料来源：原宁辰，“大社会资本：全球首家社会投资银行的创新实验”，《中国慈善家》2015年4月刊。

英国政府在推动将社会价值投资纳入主流的国内和国际政策框架中发挥了积极的作用。在国内制度构建方面，英国政府早在2000年就成立了社会投资工作组，2001年和2005年又先后成立了社会企业局和第三部门办公室，以支持优秀社会企业的传播实践。不仅如此，政府对社会企业采取税收优惠政策并划拨专门款项予以扶持，还通过各类基金会为社会企业提供资金保障。不仅如此，政府还出台相关的发展战略，以引导社会企业和社会投资的发展。2007 年，英国颁布了《达尔曼特法案》，为大社会资本的成立奠定了法律基础。在国际倡导方面，2013 年英国借助主办 G8 峰会的东风，举办了 G8 社会价值投资论坛，成立了 G8 影响力投资工作组（SIITF），参与的 8 个国家都成立了社会价值投资国家顾问委员会（National Advisory Board on Impact Investment），发布了国别报告，使社会价值投资朝政策主流化迈进了一大步。SIITF 于 2015 年扩展了成员，在此基础上形成了全球价值投资指导小组（GSG），继续在全球社会价值投资推广中发挥作用。除此之外，英国文化协会也通过其驻外使馆支持了大量社会企业以及社会价值投资相关的实践和研究。

英国在社会价值投资领域的前沿探索不限于上述内容。譬如，英国成立了首家服务于社会企业的社会证券交易所（Social Stock Exchange），以促进社会企业的股权与债权交易；还进行社会投资税收减免（Social Investment Tax Relief），鼓励对社会领域的私人投资。此外，英国政府还在推进《社会价值法案》（*Social Value Act*）和英国社会企业联盟发起的“社会价值消费运动”（Buy Social Campaign），后者鼓励民众购买社会价值产品与服务。限于篇幅，本章不对所有这些创新和探索一一进行介绍。

3.3.2 美国的社会价值投资

美国在社会价值投资的概念倡导、资金动员规模、标准与规范以及对世界其他国家的影响等方面显示出特色和优势。尽管社会价值投资的实践在美国以及其他国家早已经存在，但是社会价值投资这一概念却是由美国的洛克菲勒基金会于2007年首次提出。2010年，美国投资银行摩根大通、洛克菲勒基金会、全球影响力投资网络（GIIN）联合发布了《社会价值投资：一种新兴的资产类别》，把社会价值投资界定为资产类别的一种，奠定了社会价值投资在投资界和公益界的地位，使社会价值投资走向规范化、标准化、规模化，并推动其迈向主流化。

美国成为社会价值投资的首倡之地并非偶然。美国有着当今世界上最大规模和最具有创新力的金融市场，而且在慈善捐赠以及社会企业等领域都十分活跃。美国慈善捐赠长期以来都占美国GDP的2%左右，受金融危机影响，这一比例在危机后数年有所下滑，但随着经济的复苏，目前美国慈善捐赠在捐赠规模上已经达到了历史高点。美国施惠基金会（Giving USA Foundation）的统计显示，2018年美国人慈善捐款总额达到创纪录的4277亿美元，其中有68%来自个人捐赠，18%为基金会捐赠，9%为遗产捐赠，约5%为企业捐赠。从社会企业发展来看，美国在公益方面一直有市场导向的传统，这点和英国截然不同，后者的政府在制度和资金上起到了很大的支持作用①。

---

① 事实上，美国早在20世纪60年代就提出了“社会企业”（social enterprises）的概念。

美国社会企业在20世纪80年代初之后进入快速发展状态，在1982~2002年的20年间，非营利组织的商业利润增长了219%，占非营利组织总收入的比重从48.1%上升到57.6%，而同期私人捐款仅仅从19.9%增加到22.2%，政府补助金所占比例几乎没有增加①。

目前，美国本土的社会价值投资正引起主流投资机构和资产管理者的重视，也涌现出了一些代表性的社会价值投资案例。由克里斯汀·里奇蒙德（Kristin Richmond）和科斯滕·托比（Kirsten Tobey）于2006年发起的革命膳食公司（Revolution Foods），吸收了包括影响力投资者以及私人风险投资公司在内的各类资金，通过为学校提供营养餐以减少儿童肥胖问题。该公司已经和美国11个州的27个城市的学区签订了供餐合同，每周为在校学生提供100万份营养餐，其中75%的学生都来自低收入家庭②。由高盛城市投资集团、洛克菲勒基金会以及其他社区贷款机构合作的“健康社区协作（Collaborative for Healthy Communities）”项目筹集了1.3亿美元的资金，运用了不同的金融工具组合，形成了创造性的解决方案，提升了穷人的健康服务可及性并促进了社区健康公平，也是社会价值投资的一个优秀范例。此外，包括社会影响力债券在内的项目在美国开始得到越来越多的运用。

---

① 徐君：“社会企业组织形式的多元化安排：美国的实践及启示”，《中国行政管理》2012年第10期，第91~94页。

② 《美国社会影响力投资国家顾问委员会专题报告（2014）》。

【专栏3-3】 犹他州高质量学前教育项目

为了给低收入家庭的儿童提供学前教育服务，2013 年犹他州盐湖县发起了高质量学前教育项目（The Utah High Quality Preschool Program），即通过提供社会影响力债券来提高对这部分儿童的教育服务。美国兰德公司研究发现，针对3~4 岁儿童的早期教育项目可以显著改善儿童在小学低年级的学习成绩水平。一些研究还发现了更长久的影响，如儿童在中学阶段平均需要更少的高成本的特殊教育和在高中阶段有更高的毕业率，因此在此阶段对高风险的低收入群体的儿童提供干预性的教育服务，可以减少未来的特殊教育支出，而节约的支出可以用来支付干预性服务①。

犹他州项目期限为 5 年，每年服务 600 余名来自低收入家庭的 3~4 岁儿童。项目为他们提供期限为 1 年的早期教育。服务提供方包括学区学校、独立的教育机构和慈善组织。其中一个学区已经在小范围内成功运作了干预项目多年，但由于资金不足，无法扩展。社会影响力债券解决了早期教育项目起始资金和现金流不足的问题②。

---

① A Sustainable Financing Model High Quality Preschool for At Risk Children Results from the Granite School District in Utah, Voices for Utah Children.

② 英国内阁办公室、影响力投资中心，https://data.gov.uk/sib_knowledge_box/pre-school-education-utah。

在此项目中，起始资金为700万美元。投资人为美国高盛城镇投资集团（Goldman Sachs Urban Investment Group）[①]和个人投资者杰·罗伯特·普里茨克，金额分别为460万美元和240万美元。盐湖联合劝募协会（United Way of Salt Lake）为中介，负责项目的执行。犹他州政府每年根据服务效果兑付投资者。

在资金兑付方面是这样运作的：项目在干预前监测出可能需要特殊教育服务的儿童，在干预后将这组儿童实际接受特殊教育的人数与历史数据相比，从而得出项目成功干预的人数，并以此人数乘以特殊教育的成本和一定比例的支付费用。例如，在第一年时，一个儿童的特殊教育的成本为2600美元，如果服务成功让一个儿童避免一年的特殊教育，投资者将获得95%的节约成本，也就是2470美元，外加5%的利息。与英国彼得伯勒项目类似，该项目在失败情况下投资人可能损失所有资金。项目回报率封顶为7.26%。

项目第一年执行数据显示，595个服务对象中有110个4岁儿童有在未来需要特殊教育的风险，但在小学前，只有1名儿童接受了特殊教育。项目为州政府节约了约281550美元，投资者将获得所节省经费的95%作为回报[②]。

---

① 自2001年成立起，已在美国为弱势群体投资约50亿美元。http：//www.goldmansachs.com/what-we-do/investing-and-lending/impact-investing/。

② 高盛 Initial Results Released for First Social Impact Bond for Early Childhood Education Show Success。http：//www.goldmansachs.com/what-we-do/investing-and-lending/impact-investing/case-studies/sib-slc-fact-sheet.pdf.

美国在社会价值投资中的一个重要特点，就是积极引导和参与了发展中国家的社会价值投资。美国国际开发署（US-AID）对印度新能源的投资、盖茨基金会（Bill & Merinda Gates Foundation）对印度和非洲的农业以及能源领域的投资、聪明人基金会（Acumen Fund）在南亚和非洲对南亚和东非清洁水等领域的投资，都取得了巨大的成效。

以杰奎琳·诺沃格拉茨（Jacqueline Novogratz）于2001年创立的聪明人基金为例，该基金成立近20年来，已经培育了数十位社会企业领导人，所投资的社会企业已经创造超过5.5万个工作机会，帮助了超过8600万个弱势人口；如果以财务的角度来看，在其投资的72家企业中，有3家已经从基金手上买回股份，11家还清贷款，10家有获利，只有5家被认定亏本。

美国的基金会和影响力投资机构对全球社会价值投资的评估和研究，以及投资准则制定和评分系统的形成，都起了主要的推动作用。洛克菲勒基金会长期支持GIIN的年度《社会价值投资报告》，同时也资助了摩根大通的《影响力报告和投资准则》（简称IRIS）和《全球影响力投资评分系统》（简称GIIRS），IRIS和GIIRS目前已经成为全球社会价值投资评估的标杆。聪明人基金会在IRIS中扮演着B Labs的角色——进行B Corps相关的认证。B Labs也在管理GIIRS系统，并衍生出一个分析平台来为企业和基金会评分，所有这一切都由洛克菲勒基金会提供支持。

发展中国家也在快速跟进，其中既有来自发达国家相关机构的援助和支持，也有本土化的实践。这些努力使得社会价值投资在短短十多年内就成为全球范围内应对诸多社会挑战方面的一个引人注目的选择。

3.3.3　印度的社会价值投资

2013 年，时任奥米迪亚基金会（Omidyar Networks）印度区主任的雅亚特 · 辛哈（Jayant Sinha）将印度描绘为全球影响力投资中心。印度在社会创业基金的数量、可投资基金的总量以及已投资数量上有显著增长，其风投资本和私人股权（VCPE）业已是全球增长最快的行业。尽管与欧美相比其体量还是比较小，但人口和市场因素正在推动印度成为社会价值投资的最大市场之一。

印度穷人数量多，社会价值投资的需求量很大。印度计划委员会（Planning Commission）统计，印度有 17 只基金在运营社会价值投资项目。而将一次性投资也计入的话，就已有 100 只基金投资社会企业了。

2006 ~ 2012 年，印度每年社会价值投资的平均数量为 1.8 亿美元。印度同期每年风投为 8.12 亿美元，私人股权投资（除了在房地产领域）年平均大约为 91 亿美元。根据投资量，社会价值投资占整个风投的大约 22%，占私人股权投资的 2%。而从成交的数量看，2006 ~ 2012 年，每年大约有 69 笔社会价值投资，而风投为 354 笔，私人股权投资为 878 笔，社会价值投资笔数分别占风投笔数的 20%、私人股权投资笔数的 8%。

投资者分类按其关注点和来源而定。按其关注点被分为社会风投基金或主流风投基金。按其来源被分为国内基金或国外基金。主流风投基金投资占71%，这表明了主流风投投资者对社会企业的兴趣，也表明这些社会企业达到了这些基金的回报要求。在社会风投基金部分，国内投资者占1/3，外国投资者占余下的2/3。尽管印度因其市场体量对影响力投资有巨大吸引力，但印度本身还没有在资本来源上领先。

生活在国外的印度侨民在印度慈善领域的影响力不断上升，进一步推动了印度的社会创新。根据一家印度研究和咨询公司 Intellecap 报告，基金会只占影响力投资的2%，主要的影响力投资由私人投资基金经理和发展金融机构进行，它们加起来占到影响力投资的80%。2011 年 11 月，印度政府宣布了10亿美元的印度普惠创新基金，其中的80%就从私营部门筹集。而据印度影响力投资者委员会（IIC）于 2015 年 7 月在伦敦给全球影响力投资指导委员会（Global Steering Committee on Impact Investing）的报告，IIC 成员已给 300 家创业企业投资了 7 亿美元。IIC 预测 2025 年印度社会价值投资市场将达到 60 亿~80 亿美元。

印度在社会价值投资方面走在发展中国家的前列。2014 年的 Intellecap 报告指出，在过去 10 年，印度社会价值投资者已经投入 16 亿美元到 220 家企业中，其中 60% 的资本进入了 15 个被投资方，显示出较高的企业集中度；此外，70% 的社会价值投资都进入了小额贷款和金融普惠业务，显示出很高的行业集中度，反映出这里的利率和成本回收是相当可以预期的。不仅如此，印度与国际发展机构和国际基金会合作的社会价值投资项目相对较多，社会价值也较大，主要领域包括以下几个方面。

首先是电力。在印度，由于缺乏电力基础设施，超过4亿人口还不能使用电。没有电，企业生产会受影响；孩子们在晚上不能学习，也不能使用现代信息技术；农民不得不使用煤油和蜡烛作为照明燃料，但煤油和蜡烛的照明效果差，不清洁，并且危险，对贫困农民来说成本也很高昂。

【专栏3-4】　应对印度电力缺乏问题的社会价值投资

Husk Power System（HPS）

“国际能源机构”在2010年9月发布的研究报告表明，全世界有14亿人没有用上电，其中印度没有用上电的人数居全球之首，达到4亿人。有8000万无电人口居住在印度最贫穷的比哈尔邦（Bihar），该邦85%的居民没有连接到电网，即便是电网覆盖的人口，也往往由于发电能力不足而不能获得稳定的供电。

2007年，贾南勒希·潘德（Gyanesh Pandey）和拉特南西·亚达夫（Ratnesh Yadav）建立了Husk Power Systems（稻壳供电系统），利用生物质气化技术从稻壳中制造出油气并以此发电，因地制宜地解决了当地居民用电的问题。他们还与当地村民达成协议，每家每月缴费80卢比（折合人民币8元），即可获得供1个30瓦或2个15瓦的节能灯泡日常照明所需的电力，此外还可以在下午5:00至晚上11:00之间随意为手机充电。对于许多家庭来说，这个价格不及每月所消耗的煤油成本的50%，而且光线更加明亮。同时，它能够减少黑烟排放，减少火灾危险和环境污染。客户可以根据需要购买更多电能，用于使用收音机、电视、吊扇或水泵等。但很多人没有家电设备，又居住在非常小的木屋里，1个灯泡便足以照明了。

2008~2014年，HPS与壳牌基金会建立了合作关系。壳牌公司不仅提供了一系列的捐赠和技术、智力上的支持，同时还给予了230万美元的资金支持。第一笔捐赠让HPS在6个月内修建了3个发电站系统；随后，HPS又通过融资筹得175万美元。

HPS自2009年开始收到来自Acumen Fund的资金支持，现已获得Acumen Fund共计188万美元的投资；HPS还获得了IFC 125万美元的投资。2019年，发电站系统数量达到了19个。2020年，HPS在比哈尔邦共有75个运作的小电厂，为250个村庄的15万人提供电力。现在这个模式已推广至非洲地区。

D. light

2007年，在斯坦福商学院读书的年轻创业家耐德·托尊和山姆·戈德曼在硅谷创办了D. light公司，旨在利用太阳能和LED的革新技术，为缺乏电力地区的贫穷人口提供更清洁、安全、明亮和用得起的照明产品。2008年初，该公司推出了几个交流电系列产品和太阳能充电LED照明产品，专为生活在底层、一天仅靠几美元维持生计的家庭而设计。产品以多亮度设置、快速充电功能为特点，能够适应用户居住的各种环境，产品主要在印度和非洲销售，同时也向全球推广。

D. light的商业模式受到了多家美国和印度投资机构的青睐。2008年，D. light公司获得了总额为600万美元的第一轮融资，资金来自联印资本、德丰杰风险投资、车库科技风险投资、聪明人基金等6家机构。该投资团队在D. light公司创建时也曾提供了种子基金。此后，美国国际开发署发展创新风险基金也为该项目提供了100万美元支持。2014年该公司从聪明人基金、奥米迪亚基金会等社会价值投资方完成了新一轮1100万美元的融资，这也是当时离网太阳能项目获得的最大一笔融资。本轮融资将加速其产品技术的研发，扩展其分销范围，并使其能积极开发新的领域。

经过12年的发展，D. light产品已销往70个国家和地区，惠及超过1亿人。在印度以及一些非洲贫穷国家，该产品的推广给贫困农村居民的生活带来显著的改变。由于使用了太阳能节能灯，一些农民可以在夜间工作，使收入增加了30%；村子里的孩子们有稳定的照明后，可以在夜间学习，显著提高了考试通过率。

其次是住房。印度是世界上住房问题最为严重的国家之一，快速的城市化进程使得城市低收入家庭的住房需求增加，多数人租住在肮脏的贫民区，道路、供水、排污等基础设施不完善，卫生状况堪忧。一些家庭希望能在郊区以市场价买到一套25～40平方米的住房，但市场几乎不提供此类住房，而且低收入者也无法从传统金融机构获得抵押贷款。

摩立特研究所的印度普惠市场（Monitor Inclusive Market，MIM）是一个基金会资助的低收入平价住房项目，它为每天收入在3美元以下的人提供支持。这些低收入者大多住在贫民区，只有非正式工作，他们购买这些平价房屋几乎都是按商业运作的小额抵押方式融资的。

MIM孵化的专为低收入购房者提供服务的金融公司已经提供了超过280万美元的小额抵押贷款；此外，MIM还帮助印度政府制定鼓励平价住房开发和住房金融的相关政策。截至目前，已经销售了8万套房屋。

再次是农业技术创新。农业是印度的支柱产业，57%的印度人口从事农业。但近年来，由于其他领域占国内生产总值的比例快速增高，农业占比逐年降低，从1950年的50%下降到2015年的17.9%。在印度，小型农场（面积不超过2公顷）面积占总耕地面积的44%，对农业总产出的贡献率超过50%。但小农从事农业生产面临灌溉难、生产效率低下、教育和技能水平低下、粮食安全等问题。

IDE-India（International Development Enterprise-India）是

致力于为小农/贫困农户（拥有不到1.4公顷土地）提供用水服务的非营利组织。在印度，灌溉技术因成本较高只能用于大农场，小农只能在季风期短期种植农作物，或者使用人工浇水，或者使用昂贵的柴油灌溉泵给作物浇水。IDE-India发明了一种低成本的滴灌系统和脚踏式水泵，让小农可以在全年均可种植作物。目前，印度共有138万户家庭在使用这项技术，740万人口因为这项技术受益，小农因此增加的净收入累计超过14亿美元。

最后是健康医疗。印度的医疗条件远落后于国际平均水平，在全球190个国家和地区中，印度的医疗健康指标仅排名第112位。世界卫生组织统计数据显示，2012年印度死亡人口大约980万，其中77%死于疾病和健康问题。随着人口老龄化的加剧，印度医疗需求的缺口会越来越大，而这也为印度的医疗健康市场提供了巨大的发展空间。

过去的医疗服务相当分散，人们很难与医生和医疗咨询机构取得联系，药品的递送也存在困难。互联网给这些问题带来了转机，除了在线医药行业的先行者Practo、Zoctr、ICliniq，新的市场参与者也在大量涌入。具体如下所示。

- 医疗资源发现平台（将顾客跟医生和医院直接连接起来，还能预约挂号）：领跑者包括Practo Search、Credi-Health.com以及Lybrate。
- 医疗诊断设备类初创公司（利用智能科技手段简化医疗诊断程序）：主要参与者包括Perfint Technologies以及

Biosense Technologies。

- 专业医疗垂直领域（专门为患者提供某一方面的医疗服务）：例如 MyDentist 和 Vasan Eye Care Hospitals。
- 电子病历记录平台（帮助患者整合所有医疗记录，建立电子病历）：主要领跑者有 Practo Ray 和 eKincare。
- 医药电商平台（帮助人们从各种商家购买药品和医疗设备）：主要有 BookMEDS 等。

医疗健康行业的融资交易在 2016 年呈现出强劲增长势头。2016 年上半年，印度总共达成的 552 笔融资交易中，医疗健康行业的交易笔数最多，达到 59 笔，共涉及金额 1.545 亿美元。而 2014 年和 2015 年的融资分别只有 24 笔和 57 笔，金额分别为 9160 万美元和 2.764 亿美元[①]。

【专栏 3-5】　亚洲健康联盟

在印度，未经检查就进行疾病诊断和治疗的情况较为普遍，这不仅是对医疗资源的浪费，更严重的是，会导致患者死亡和疾病的传播。尤其在郊区和农村地区，优质、平价的医疗资源缺乏，低收入者无法通过各项检查获得准确的诊断，除非支付高昂的诊断费。

亚洲健康联盟（Asian Health Alliance，AHA）通过旗下

---

① 引自“钛媒体”文章“印度医疗行业挑战与机遇并存”，http://www.tmtpost.com/2457039.html。

连锁诊断中心 Asia Health Meter 为印度农村低收入群体（家庭月收入低于15000卢比，约1500元人民币）提供高质量、可支付的多种医疗检查和诊断服务，包括CT、核磁共振、X光、乳房造影、4D超声扫描、彩超、结肠镜等。与大型连锁诊断机构相比，AHM的服务质量相当，但价格却降低了40%。通过该机构的高质量检测和诊断，患者能够选择更加有效的治疗方案。

聪明人基金会自2013年起共投资75万美元，用于该机构扩展自己的放射检测和病理检测服务。2019年，AHA已运行十余家测试中心，覆盖超过20万农村用户。

3.3.4 非洲的社会价值投资

社会价值投资虽然在非洲仍然很新，但发展潜力巨大。联合国开发计划署（UNDP）2016年5月发布的报告显示①，非洲国家每年需要数十亿美元来实现其可持续发展目标和非洲联盟《2063年议程》。但非洲国家的资源根本无法满足这些巨大的投资需求，加之近年来传统的官方援助力度普遍下降，非洲国家需要从社会价值投资、社会价值债券、绿色金融等替代性和创新性来源与产品中筹集资金。

非洲影响投资者的主要有私募股权基金、资产管理基金、

① UNDP：Impact Investment in Africa：Trends，Constraints and Opportunities，2016. 5.

开发性金融机构、机构投资者和基金会等。而投资往往集中于政府不能充分提供社会服务的部门，如医疗、教育等。

GIIN 对东非地区社会价值投资的市场状况进行的分析显示，开发性金融机构是市场上的重要参与者，到 2015 年已经部署了将近 80 亿美元的资本，许多其他类型的投资者（包括 VC/PE、基金会、家族投资者、商业银行和天使投资网络等）也日益活跃，在该地区投资超过 14 亿美元，交易笔数超过 550 笔①。

【专栏 3－6】　非洲社会价值投资案例

移动手机支付：M-PESA

M-PESA 是一个小额电子支付系统，用普通手机在非洲就可以操作接入。它是由移动手机巨头沃达丰（Vodafane）开发的，于 2007 年在肯尼亚引入，十多年的时间已经拥有了 900 多万客户，覆盖了 40% 肯尼亚成年人口。以前，这些“金字塔”底端用户使用速度慢、昂贵和不可靠的方法给朋友、家人、同事和商业伙伴汇钱，现在都改用 M-PESA 服务来满足生活及商业、生产需要。肯尼亚的 M-PESA 项目取得了广泛赞誉，其在商业上已经取得了成功，同时也为穷人带来了显著效益。英国国际发展部给沃达丰提供了关键的资金资助，使其最初的创意变成一个产品，然后进入市场测

① GIIN：The Landscape for Impact Investing in East Africa，2015. 8.

试其生存能力。英国国际发展部也资助了金融深化信托（Financial Sector Deepening Trust），其调查数据帮助肯尼亚中央银行认识到这个产品提供的机会，从而作为监管者对本项目给予支持。2010年，盖茨基金会承诺提供480万美元给坦桑尼亚的Vodacom公司推广M-PESA模式。

清洁炉灶：壳牌基金会（Shell Foundation）

在发展中国家，有数十亿人以木柴、煤或粪便作为做饭的燃料。根据世界卫生组织报告，每年这类燃料产生的室内空气污染引致的死亡人数达200万，大多数是5岁以下的孩子。壳牌基金会与美国国际开发署合作资助Enterprise Networks/VITA在加纳培训78位创业家来改进炉灶，鼓励用户使用更有能效和更清洁的炉灶。2002～2007年，壳牌基金会已经在7个国家投入1000万美元支持9个炉灶试验项目。Toyola Energy已经卖出了1000万个炉灶，还将在西非继续扩大；Envirofit已经卖出30万个炉灶。

2010年，壳牌基金会与联合国合作成立了全球清洁炉灶联盟（Global Alliance for Clean Cookstove），主要负责建立国际标准，测试清洁炉灶的协议草案，为相关健康及气候研究注资，为致力于创造环保烹饪手段的新兴国际市场研发创新性的筹资机制等。联盟共有270个伙伴组织加入，获得了1.3亿美元的额外资金投入。该联盟提出“100mil by 20”的目标，即力争让1亿户家庭在2020年前采用洁净高效的烹饪方式。

3.4 国际社会价值投资发展面临的挑战

社会价值投资尽管发展迅速，但在各国的实践以及政策和理论研究中也面临不少具有共性的困难和挑战。

3.4.1 缺乏适合的投资对象以及投资者愿意支持的有效模式

社会价值投资是一个正在迅猛发展的产业，但与之配套的产业链条并未完全建立起来。整个国际社会投资环境的不成熟导致了许多社会价值投资者不能找到合适的投资对象，作为最符合投资条件的社会企业在许多国家还处在相当初级的阶段，学界和实务部门对其定义和概念始终争论不休，更别提建立起社会企业孵化器、社会企业联盟等配套的咨询中介机构了。和商业风投不同，社会价值投资的典型特征是“风险高、收益少、见效慢”，如今更多的社会价值投资者注重考察经济回报与社会效益的平衡关系。许多社会价值投资者反映，最难驱动的投资活动其实是在“创新”和形成“规模化”之间的阶段，在两者的间隔期需要“耐心资本”的支持。在许多发展中国家，社会价值投资方式对于商界来讲仍比较陌生，可是在大多数传统资本“急功近利”的需要下，真正致力于解决社会问题的“耐心资本”寥寥无几，许多非政府组织和社会企业面临的首要困难便是缺少初始资金以及运营管理的经验技术来开发现金流。即便这些社会企业获得了商业资金的支持，也存在着迫于投资方的汇报压力而偏离社会宗旨的风险。因此我们可以说，社会价值投资正逐渐成为培育新兴市场的重要手段，但还缺乏有关社会价值投资和价值观的倡导，缺乏完整投资生态环境的支持。

如何能够更有效地吸引更多的资金参与社会价值投资，是关系到社会价值投资发展的关键性因素。当前，国际上社会价值投资的形式和商业模式还比较单一，亟待进一步开发。在许多发展中国家，参与社会价值投资的机构和部门的数量的确在不断增加，但是它们的法律性质仍然是以慈善基金会为主，捐助是其最主要的投资形式，基金风投、股权、债券等新型投资模式为数不多，发展缓慢。

3.4.2 不合时宜的旧管制制度的阻碍

社会价值投资在一些国家遭遇到了法律和规制的障碍，许多发展中国家并没有介于营利企业和非营利企业之间的法律形式，社会价值投资面临许多合法性确认方面的困难。因此，赋予社会企业的公司形式以新的法律框架，规范这些社会企业“义利并举”的方式与目标，是社会价值投资得以进一步发展的必由之路。当然，即便是在英国或者美国，让这些公司形式得到社会公众的普遍认可也非一日之功。

在社会价值投资中，政府扮演着管理者和标准制定者的角色，同时也是共同投资者、风险缓冲者和产品服务的主要购买方，甚至有时还要充当市场的创建者。因此，有关管制制度和政策的构建可谓关系重大。在富有前瞻性的政策制定者的领导下，能够提高公共资金的效率与社会价值，加速扩大私人资本投入公共福利的速度与额度，并调动更多的有才能的企业家来解决最紧迫的难题。而当前国际社会价值投资还面临诸多旧制度的管制障碍，各国政府通过广泛呼吁定期对条例、政策、税收减免和资本项目进行审查等方式，确定存在的障碍，提出解决方案，并建立准则来避免这些障碍在新的立法和规则制定中重蹈覆辙。比如在 20 世纪 70 年代，私人管理风投资本的新领域几乎消失殆尽，美国政府在看到释放的创新与增长潜力之后悄然介入，于 1978 年修改了《雇员退休收入保障法案》（ERISA）中关于审慎人的原则（prudent man rule），从而拓宽了养老金基金的投资渠道，使得美国的养老金基金成为风险投资和私募股权基金的基础投资者，使得风投资本投资从接近于零猛升至逾 50 亿美元，创业也迎来了前所未有的高涨势头。

除此之外，社会价值投资在诸如教育与健康领域的收费缺乏明确制度规定等问题，也是社会价值投资发展的一个障碍。社会价值投资者需要现金流，因而在提供服务时对病人或者家庭收费，这在某些国家遭到了强烈的反对，反对者认为中小学教育、医疗等服务应该是免费的，这些做法不符合可持续发展的目标要求。

3.4.3 缺乏专业人才的支持，社会价值投资测评资源匮乏

GIIN 的发展报告指出，社会价值投资不仅迫切需要更多的专业投资管理者，也对参与社会价值投资的个人和团队提出了更高的能力要求。社会创业家们通常更偏向公益背景，他们

对于成熟的商业运作模式和管理技巧还存在诸多盲点，许多社会企业仍处于早期的发展状态。同时，社会价值投资队伍中金融行业的人才流动性大，许多团队规模小、稳定性差，导致社会价值投资的相关经验匮乏、投资机遇洞察力不足和人际网络缺失等问题，因此如何能够设计出一套科学有效的社会价值投资人士薪酬方案，尽可能扩展其职业发展空间，最大限度地保证他们的工作满意度和稳定度，也是社会价值投资管理者在人才管理中需要注意和迫切处理的。不过，目前国际上已经有越来越多的风险投资（VC）和私有股权（PE）等金融背景人士积极参与到社会价值投资中，并积极提供帮助和支持。

社会价值投资应该是基于绩效的投资，涉及对产出（output）和成果（outcome）的区分和测量，但由于受到多方面因素的限制，测量社会效益远比经济效益难得多。可以说，评估社会价值异常困难。世界上的许多投资公司使用自己的测评方法，甚至让被投资方自陈表现，这显然缺乏足够的科学性，也容易带来更多主观上的测量误差。可以说，第三方评估体系的建立是当今国际社会价值投资测评必然的发展趋势，也是人心所向。虽然国际上目前已经具备了欧盟准则（GECES）、社会投资回报（SROI）、IRIS 指标（Impact Reporting and Investment Standards）、全球社会价值测量评级系统（GIIRS）等几种常用的社会价值评估工具，但仍然没有形成全球一致公认的完善标准，并且评估资源匮乏。不过目前全球范围内有众多的政府部门、科研机构和社会价值投资机构纷纷参与到测评体系建设的任务之中，它们致力于研发科学、完整的测评指标并不断努力地在实践中对其进行调整。GIIN 2017 年的调查显示，大部分从业者认为社会价值测量和管理的现状有很大进步，但仍存在方法碎片化、财务和社会价值管理分离、社会价值绩效的透明度不够等问题①。该行业有待开发社会价值评级工具，并纳入现有投资框架②。

3.4.4 社会公众对社会价值投资这种资本和公益结合的方式仍心存疑虑，参与度偏低

作为一种新生的事物，社会价值投资所依赖的市场环境并没有完全地构建起来。由于文化差异、规制障碍、发展程度等原因，英美等有关社会价值投资的成熟国际经验难以取得世界上其他国家本土市场的印证，在传统的商业投资形式收益颇丰的状态下，模糊又缺乏相关有效、可被复制模式的社会价值投资很难被主流投资界迅速接受。同时，人们对社会价值投资的概念还很陌生，这就需要政府、商界、学界的共同努力，通过不同领域之间的合作和宣传，以树立典型案例和知识领袖等方式，真正推动整个社会价值投资行业的发展，弥补不同参与者、普通大众的认知差异。

---

① GIIN：The State of Impact Measurement and Management Practice（2017）.

② GIIN，Roadmap for the Future of Impact Investing：Reshaping Financial Markets.

第 4 章

社会价值投资与中国的发展挑战

4.1 引言

改革开放以来，中国在经济与社会发展上取得了长足的进步。经过 40 年的经济高速增长，中国已经成长为全球第二大经济体。按照国际可比的贫困标准，中国自 1978 年以来使 8 亿人摆脱了贫困。不仅如此，中国在提升国民健康水平、教育水平等方面也同样成就卓著。在短短两代人的时间里，取得如此辉煌的经济与社会发展成就，在全球范围都是史无前例的。然而，作为一个发展中国家，中国的发展起点低，而且不同领域的发展并非总是齐头并进，当前在社会发展的诸多方面仍存在突出的挑战，如贫困与不平等、城市化包容性不足、社会保障水平较低、环境污染与生态退化等。尽管过去已经取得的经济与社会发展成就为解决这些紧迫问题提供了条件，但面对经济新常态以及更高、更多元的社会发展需求，中国迫切需要更广泛地动员资金和资源、提升社会服务能力、创新社会产品与服务的供给模式，而社会价值投资则有可能在应对这些挑战过程中发挥独特而重要的作用。

4.2 中国发展转型过程中的社会挑战

当前中国正为实现全面建成小康社会的目标，完成两个一百年目标中的第一个目标①而努力。全面建成小康社会涵盖经济、政治、文化、社会、生态文明等五大领域，要求经济持续健康发展，人民民主不断扩大，文化软实力显著增强，人民生活水平全面提高，资源节约型、环境友好型社会建设取得重大进展。具体而言，在社会方面，要求人民生活水平和质量普遍提高，就业、教育、社保、医疗、住房等公共服务体系更加健全，提高基本公共服务均等化水平，显著增加劳动年龄人口受教育年限，实现较为充分的就业，缩小收入差距，消除现行标准下的农村贫困；在环境方面，要求生产方式和生活方式更加绿色，大幅度提高能源资源开发利用效率，控制和减少主要污染物排放总量。这些目标十分宏大，实施起来充满艰巨的挑战。

4.2.1 贫困与不平等的挑战

在中国，长期以来贫困主要是一个农村现象。改革开放以

---

① 1997 年，中共十五大首次提出“两个一百年”目标。中共十八大报告再次重申：在中国共产党成立一百年时全面建成小康社会，在新中国成立一百年时建成富强民主文明和谐的社会主义现代化国家。

前，中国农村普遍处于贫困状态。党的十一届三中全会以后，以农村家庭联产承包责任制为代表的改革正式启动，农村居民生活水平开始大幅提升，贫困人口也大幅减少。根据官方贫困线（赤贫线）测算的农村贫困发生率从1978年的30.7%下降为2006年的2.3%。2010年，根据年收入1274元农村贫困标准，全国农村贫困人口为2688万，贫困发生率为2.8%（国家统计局，2011年）。从2011年开始，国家大幅度调高扶贫标准线至2300元（2010年价格），当年新扶贫标准下的农村贫困人口接近1.3亿，但在随后4年中，农村贫困人口下降至7017万。无论按照何种标准，我国近30年来的农村扶贫效果非常惊人（见图4.1）。尽管如此，考虑到中国庞大的人口规模，贫困人口的总规模仍然庞大。截至2017年底，中国农村贫困发生率降至3.1%（见图4.2）①。2018年，中国进一步开展了“打赢脱贫攻坚战三年行动计划”，到2018年底，全国农村贫困人口减少到1660万人，贫困发生率降至1.7%。

与农村相比，中国城镇居民的贫困问题在改革开放后的头20年里相对不那么突出。20世纪90年代末，随着国有企业改革的推进，城镇居民中下岗问题一度十分严峻，城镇贫困人口一度急剧攀升。针对这一情况，中国加快了城镇的最低生活保障制度建设以及下岗职工的再就业安排，这些举措使得2002年之后城镇低保人口稳定在2000万～2500万，2015年

① 国家统计局：《2015年国民经济和社会发展统计公报》。

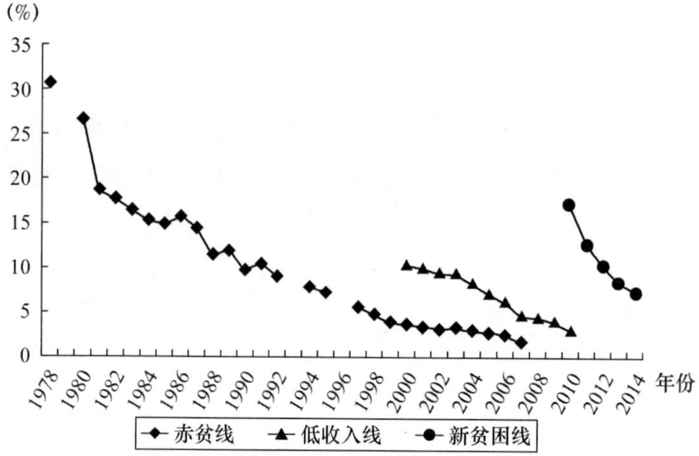

图 4.1　改革开放以来的农村贫困发生率

资料来源：历年《中国住户调查年鉴》。

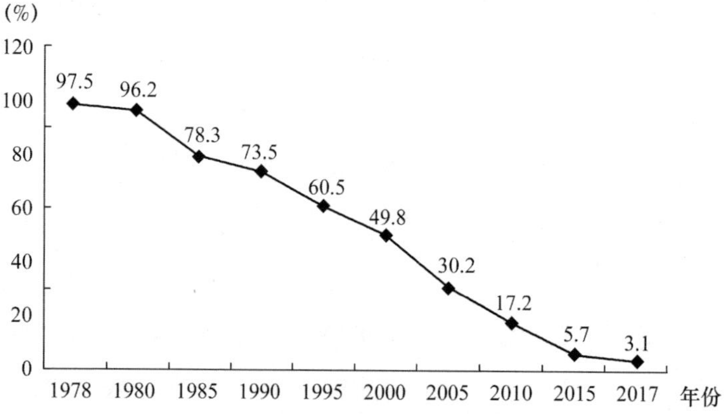

图 4.2　根据现行贫困标准的农村贫困发生率

资料来源：根据官方统计公报和相关资料整理。

底城镇低保人口下降到 1700 万。21 世纪以来，低保制度也在农村快速推广，2010 年中国农村最低生活保障人数超过 5000 万人（见图 4.3），2013 年后逐步下降，2018 年下降到

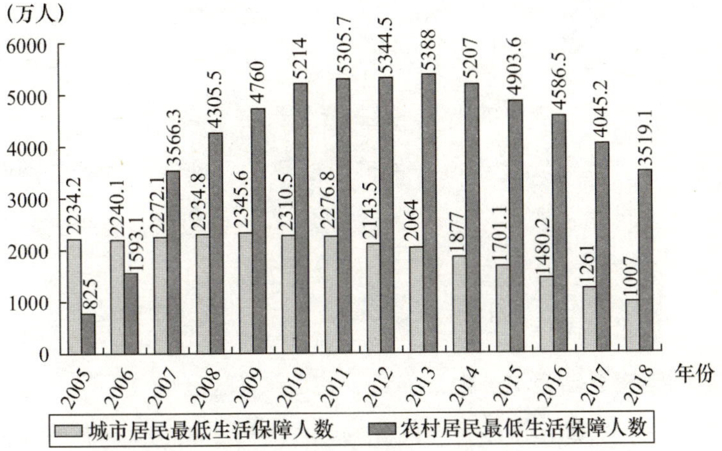

图 4.3　城镇和农村的低保人口（2005 ~ 2018 年）

资料来源：国家统计局。

约 3519 万人①。

较大的收入分配差距，使得相对贫困问题变得不容忽视。如果引入相对贫困标准，贫困人口的总规模将会更大。

即使只聚焦于消除现行标准下的农村贫困的目标，也需要巨大的公共财政投入。2000 ~ 2014 年，中央财政累计投入专项扶贫资金 2966 亿元，年均增长 11.6%。2016 年中央安排专项扶贫资金 664 亿元，比上年增长了 43%。除了扶贫部门的专项资金之外，其他中央有关部门也在贫困地区开展了大量的

---

① 在城市部门，由于缺乏官方的贫困标准，此处用城镇低保人口作为城镇绝对贫困人口的替代指标。在农村，同时存在根据国家贫困线定义的贫困人口和民政部门的低保人口，两者有重合，但低保标准不完全是收入标准，还同时考虑残疾、鳏寡孤独、失能等其他因素。从收入水平看，国家贫困标准与全国各地的低保平均水平相近，目前已经在制度上推行“贫困线”和“低保线”两线合一。

生产性和生活基础设施投资以及扶贫开发项目。2015 年中央政府对贫困地区的预算内投资超过 1500 亿元，约占全年中央预算内投资总规模的1/3，这些资金将用于农村扶贫开发、移民搬迁、饮水安全工程、乡村道路建设、抗震改造、电网改造、乡村旅游基础设施建设等方面；在地方层面，省级财政专项扶贫资金投入 335 亿元，同比增长 25% 以上。

由于中国扶贫总体上遵循先易后难的顺序，未来扶贫的边际成本将逐渐递增。但是，由于缺乏扶贫地区公共部门、市场和社会投入的系统统计，因此难以直接估计单位脱贫人口的投资需求。考虑到中西部贫困地区的发展条件以及贫困人口的发展能力，脱贫人口的平均返贫率在 15% ~25% 。可以预计，到 2020 年我国公共部门的扶贫投入还需要保持 10% ~15% 的增长速度。

对于 1660 万贫困人口（截至 2018 年底）——其中相当一部分是因为丧失劳动能力或大病而导致贫困的人口，中国将主要通过农村低保和医疗救助来帮助其摆脱贫困。根据现有农村低保标准，如果不考虑物价因素，对贫困人口每人每年需要投入 1800 元左右，全国新增农村低保支出 360 亿 ~450 亿元。加上目前农村现有的低保人口，贫困地区年均低保支出将上升到 1300 亿 ~1500 亿元。在目前贫困户中，因病致贫比例高达 40% 以上，如果使医疗救助和大病救助覆盖这些贫困人口，预计年均医疗救助投入将达到 1000 亿元。农村低保和医疗救助两项相加，到 2020 年每年支出将达到 2300 亿 ~2500 亿元。

4.2.2　老龄化的挑战

自2000年以来，我国人口老龄化进入了快速发展阶段。目前中国已经是世界上老年人口最多、增长最快的国家。2011年末，中国内地65岁及以上老年人数量达到了1.23亿，占总人口的9.1%[①]，形成与发达国家趋同之势（见图4.5）。人口的老龄化与少子化往往结伴而行，目前，中国的青少年人口规模已经处于缩减之中，2000年0～14岁人口占总人口比重为22.9%[②]，2011年下降到16.6%[③]。人口结构的变化使中国劳动年龄人口比重和规模出现了根本性的转变。2011年末劳动年龄人口比重为74.4%，与上一年相比降低了0.1个百分点，意味着劳动年龄人口比重变化趋势已经从上升转为下降。如果没有政策上的调整，这一下降趋势将一直延续[④]，2019年，我国16～59岁劳动年龄人口比上年减少89万人，占总人口64%[⑤]。

快速老龄化，对中国养老保障体系的可持续性形成了双重压力。首先，由于劳动力供给的下降，带来了经济下行的压力，限制了养老保障体系的资金筹措；其次，快速增长且高比例的老龄人口，使得未来养老保障支出负担剧增。加上中国过

---

①④　《统计局发布2011年我国人口总量及结构变化情况》（http：//www.gov.cn/gzdt/2012－01/18/content_ 2047892.htm）。

②　国家统计局第五次人口普查。

③　国家统计局第六次人口普查。

⑤　资料来源：国家统计局。

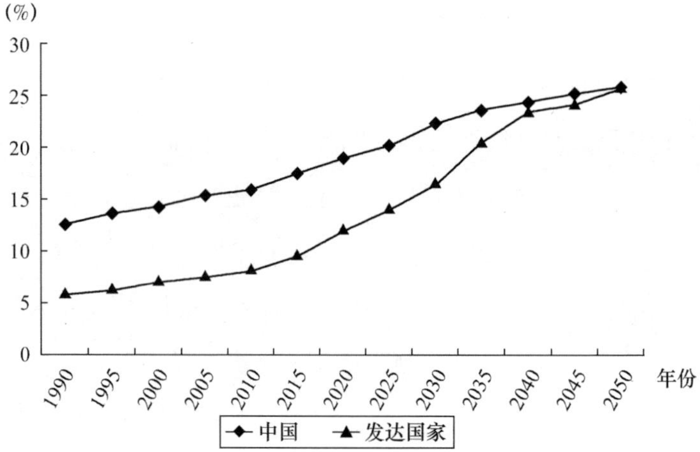

图 4.5　中国的人口老龄化趋势

资料来源：UN（2010）。

去 30 多年实施的计划生育政策导致的家庭结构，使得传统以家庭为主的养老模式更加难以维系，未来对社会化养老保障的需求更加迫切。

2013 年，国务院颁布了《国务院关于加快发展养老服务业的若干意见》，提出了到 2020 年养老服务体系建设的目标。到 2020 年，中国 60 岁以上人口将超过 2.4 亿，65 岁以上人口将超过 1.5 亿。中国进入老龄化社会的速度是如此迅速，在“未富先老”“未备先老”的背景下，养老服务体系面临严峻的考验。

中国计划到 2020 年全面建成以居家为基础、社区为依托、机构为支撑的，功能完善、规模适度、覆盖城乡的养老服务体系。届时，符合标准的日间照料中心、老年人活动中心等服务设施覆盖所有城市社区，90% 以上的乡镇和 60% 以上的农村社区建立包括养老服务在内的社区综合服务设施和站点，全国社会养老床位数达到每千名老年人 35 ~ 40 张，全国机构养老、居家社区生活照料和护理等服务提供 1000 万个以上就业岗位。

根据民政部统计，截至 2018 年底，全国各类养老机构和设施 16.8 万个：注册登记的养老服务机构 2.9 万个，社区养老服务机构和设施 4.5 万个，互助型养老设施 9.1 万个；各类养老床位 727.1 万张，每千名老年人拥有养老床位 29.1 张，其中社区留宿和日间照料床位 347.8 万张①。可以看到，养老服务体系虽然迅猛发展，但与目标之间存在较大的需求缺口。

根据罗兰贝格公司的保守估计，到 2020 年，中国养老服务业（护理服务和生活照料）的规模将超过 5000 亿元，年增速 20% 以上。国家信息中心（2015 年）估计，到 2020 年，我国需要政府承担的养老投资需求为 1040 亿元，而届时能动员的财政性资金总计为 766 亿元（在现有制度框架下），财政性资金缺口达 274 亿元，"十三五" 期间平均资金缺口达 603 亿元。

4.2.3　"半城市化" 的挑战

改革开放以来，中国经历了世界上规模最大的城市化进程。城镇常住人口的比重从改革开放初期的 20%，上升到

① 民政部：《2018 年民政事业发展统计公报》。

2018 年的 59.58%，年均增长 1 个百分点。目前，中国城镇常住人口已经达到 8.3 亿。

但是，中国的城市化在某种程度上又是一种“半城市化”。由于长期城乡二元发展体制的影响，许多农业转移人口虽然在城市工作和生活，但是他们没有取得所在城市的户籍，因此无法享受和本地市民一样的公共服务待遇。2018 年，中国户籍城镇化率为 43.4%，与城镇常住人口比例之间还有较大的差距。由于获得公共服务的困难以及城镇生活的高成本，许多农业转移人口很难举家在城市中定居。目前，城镇中还有 2.4 亿多的流动人口。

“半城市化”使得许多家庭面临长期的分离，家庭的许多功能无法正常履行，导致农村产生了规模庞大的留守人群，其中儿童、老人、妇女的发展脆弱性凸显。以儿童为例，中华全国妇女联合会发布《全国农村留守儿童、城乡流动儿童状况研究报告》显示，根据《中国 2010 年第六次人口普查资料》中抽取的 126 万人口样本推算出，全国有 6102.55 万农村留守儿童。农村留守老人的规模超过 5000 万，其中的高龄、失能和患病老年人的照料护理问题亟待关注①。农村的留守妇女规模也在 5000 万左右，夫妻长期分离以及沉重的家庭负担，对农村留守女性的身心健康都造成不利影响。家庭的长期分离还导致了离婚率持续攀升等其他社会问题。

---

① 《中国老龄事业发展报告（2013）》。

2014年颁布的《国家新型城镇化规划（2014—2020）》（以下简称《规划》）提出，要推进以人为本的新型城镇化，为农业转移人口在城镇中提供均等化的基本公共服务，促进农业转移人口市民化。根据《规划》，到2020年，常住人口的城镇化率要提高到60%，户籍城镇化率要提高到45%。

要实现农业转移人口市民化（提供与城镇居民相同的基本公共服务），需要在城镇基础设施、教育、医疗卫生、社会保障等基本公共服务上进行大量的投资。目前，国内相关学者对于市民化的成本做了估算，人均一次性成本为5万～15万元。按照人均支出10万元计，不考虑物价调整因素，如果将户籍城镇化率在现有基础上提高5个百分点，分5年完成，意味着年均投资支出增加1.4万亿元。这也将带来巨大的公共财政压力。

4.2.4　环境污染与生态退化的挑战

长期以来粗放的增长方式，也带来了严重的环境污染与生态退化问题。尽管随着国家节能减排力度的加大，环境污染物排放急剧扩张的势头得到了遏制，但是每年的污染排放总量仍然十分惊人。根据国家统计局数据，2017年全国废水排放总量699亿吨；废气中二氧化硫排放量875万吨，氮氧化物排放量1258万吨，烟（粉）尘排放量796万吨；一般工业固体废物产生量33.1亿吨[①]。

① 国家统计局：《2018中国统计年鉴》。

此外，中国在节能减排和应对气候变化上也面临艰巨挑战。作为一个发展中国家，中国在工业革命以来的累积温室气体排放不及同时期美国和欧盟的一半，人均的温室气体排放目前略低于全球平均水平。但从每年新增的碳排放总量看，目前中国是世界上最大的温室气体排放国。作为负责任的发展中大国，中国率先提出了节能减排目标：到 2020 年，我国单位 GDP 二氧化碳排放比 2005 年下降 40% ~45%，非化石能源占一次能源消费的比重提升到 15% 左右，森林面积和蓄积量分别比 2005 年增加 4000 万公顷和 13 亿立方米[①]。在 2015 年召开的巴黎气候峰会上，中国进一步承诺，到 2030 年碳排放将达到峰值，单位 GDP 的二氧化碳排放量比 2005 年下降 60% ~65%，非化石能源占一次能源消费的比重提升到 20% 左右，森林蓄积量比 2005 年增加 45 亿立方米。

中国在生态可持续上也面临突出的挑战。原农业部披露的数据显示，近 10 年来中国湿地面积减少了 340 万公顷，全国土壤盐质化的面积达到了 1.8 亿亩，90% 的天然草原出现不同程度的退化。在农业领域，由于化肥和农药的高强度使用，导致土壤的残留物超标，使得农业生态系统退化严重，威胁中国的粮食安全和食品安全[②]。近年来，地下水污染、雾霾等生态环境问题已经引起了全社会的普遍焦虑，环境问题成为引发社

---

① 《关于国家应对气候变化规划（2014—2020）》。

② 农业部（2014）：“中国农业生态系统退化非常严重”。http：//news. china. com/finance/11155042/20140526/18522371. html。

会群体性事件的一个重要原因。

2000 年以来，环境挑战的加剧和国民环境需求的提升刺激了中国环保产业的加速发展。2014 年，环保产业的营业收入已经接近 4 万亿元，是 2000 年的 23.5 倍。环保产业被列为中国七大战略性新兴产业之首。综合市场机构对环保产业的预测，“十三五”期间环保业的产值年均增速将保持在 15% 以上，全社会对环保产业的投资总计将达到 17 万亿元。

4.2.5　自然灾害风险的挑战

中国国土广袤，地理条件和气候类型多样，自然灾害种类多，是全球最容易遭受自然灾害的国家之一。除了现代火山活动导致的灾害外，几乎所有的自然灾害，如水灾、旱灾、地震、台风、风暴、雪灾、泥石流、病虫害、森林火灾等每年都有发生。其中，洪涝灾害、干旱、地震的危害尤其严重。

频发的自然灾害造成了人民生命和财产的巨大损失。2001 ~ 2015 年，自然灾害导致的直接经济损失平均为当年 GDP 的 1.2%（见图 4.6）。如 2008 年，自然灾害导致的直接经济损失超过 1 万亿元，相当于当年 GDP 的 3.7%。2015 年是中国灾情相对较轻的年份，但是各类灾害仍然造成全国 1.86 亿人次受灾，近 25 万间房屋倒塌，农作物受灾面积为 2177 万公顷，直接经济损失达到 2704.1 亿元。2016 年，中国自然灾害直接经济损失较 2015 年几乎翻了一番，超过 5000 亿元。2018 年属于过去 5 年中灾害相对较轻的年份，但直接经济损失仍高达 2644.4 亿元。需要说明的是，以上这些损失还只是直接的经济损失，如果将灾害的间接损失以及灾后重建的成本考虑在内，实际因为自然灾害带来的经济负担将更沉重。

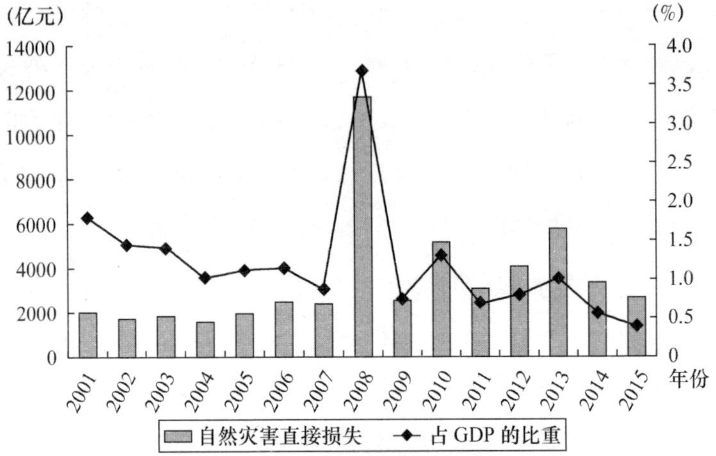

图 4.6　中国自然灾害直接损失（2001～2015 年）

资料来源：历年《中国民政统计公报》与《中国统计年鉴》。

与自然灾害带来的直接经济损失相比，来自政府民政部门的灾害救助资金显得微不足道。除了 2008 年、2009 年之外，2000～2014 年中央民政部门的救灾资金与灾害直接损失的比例都在 2.0%～3.5%之间。与此同时，中国针对自然灾害的保险刚刚起步。从国际经验来看，自然灾害商业保险的赔付金额一般能达到灾害直接损失的 30%～40%，而中国这一比例尚不足 1%。

4.2.6　脆弱人群规模巨大带来的挑战

中国社会中还存在规模巨大的发展能力薄弱和脆弱的人群。国务院新闻办公室 2019 年发布的统计数据显示，全国残疾人口总规模达8500万[1]。截至2018年底，纳入建档立卡贫困人口中的残疾人减少到约170万[2]。相比于庞大的残疾人口，中国目前为残疾人提供服务的机构数量和提供的服务都处于较低水平。2018年，共有残疾人托养机构8435个，为22.3万残疾人提供托养服务，有88.8万残疾人接受了居家服务。截至2014年底，全国共有为残疾人提供服务的机构（福利企业）16389个，吸纳残疾职工47.9万人就业。值得注意的是，在1995～2014年的20年里，福利企业的数量从6万多家减少到1.6万家，就业的残疾人数从93.9万减少到47.9万。

除此之外，因为生命周期特定阶段（如儿童和老年）、性别等原因导致的阶段性和社会性脆弱群体也值得关注。目前我国0～15岁儿童总人口约2.2亿，60岁以上老人规模超过2亿。根据国家贫困线标准或相对贫困标准，城乡0～15岁儿童的贫困发生率和60岁以上老人的贫困发生率都要高于劳动年龄人口。如果不仅考虑到收入因素，同时还考察教育、健康等可行能力（capability），可以看到这种脆弱性在城乡和地区之间的巨大差异。

（1）儿童教育。据教育部统计，2018年，我国义务教育巩固率为94.2%，这意味着适龄人口中仍有约6%的人未能接受完整的义务教育。此外，经过连续几期的“学前教育三年

① 国新办：《平等、参与、共享：新中国残疾人权益保障70年》，2019年。

② 《人民日报》（海外版）2019年7月15日：截至2018年底，我国贫困残疾人累计脱贫511.8万。

行动计划”，中国学前教育普及率有显著提升。2018 年，全国学前三年毛入园率达到 81.7%。尽管如此，仍有近 1/5 的儿童未能获得三年学前教育，这些儿童主要居住在偏远贫困地区的农村，这也是未来消除教育贫困的重点领域。

（2）儿童营养与健康。2013 年，我国 5 岁以下儿童低体重率为 2.4%，生长迟缓率为 8.1%，儿童营养状况在发展中国家中居于较高水平。但是，城乡儿童营养水平差距显著，贫困地区农村儿童营养不良问题更加突出，2013 年 5 岁以下农村儿童低体重率和生长迟缓率分别达到 3.1% 和 11.2%。5 岁以下儿童死亡率和婴儿死亡率是衡量社会总体健康水平的重要指标。2017 年，我国 5 岁以下儿童死亡率为 9.1‰，其中城市 4.8‰，农村 10.9‰；婴儿死亡率为 6.8‰，其中城市 4.1‰，农村 7.9‰①。

（3）老年营养与健康。老年营养不良问题也十分值得重视，2010～2012 年中国居民营养与健康监测结果显示，我国老年人营养不良率为 6.2%，其中男性为 6.6%，女性为 5.9%，城市为 4.4%，农村为 8.1%。老年人口死亡率是衡量老年健康的重要指标，2012 全国疾病监测系统死因监测数据显示，慢性病占中国老年人群死因的 91.20%。60 岁以上人群的死亡率为 3225.60/10 万，男性高于女性，农村高于城市。

---

① UNICEF：《中国儿童发展指标图集》，2018 年。

除了这些带有全局性的问题之外，当前在社会发展转型过程中，还存在不容忽视的治安问题、群体性事件、食品安全问题等。但限于篇幅与主旨，我们不一一展开讨论。

4.3　谁来为社会投资融资

如前所述，中国当前在社会发展和环境可持续上面临严峻挑战，社会投资需求巨大。但是，如果我们进一步考察政府、市场和社会为满足这些社会需求的投资能力，也存在巨大的挑战和显见的短板。

4.3.1　公共投资的能力

经历了40多年的经济高速增长，近年来中国经济增长速度开始持续趋缓，GDP增长率从2010年的10.4%一路下行，到2015年下降到6.9%，2016年继续下滑至6.7%。2018年，经济增长率进一步下降到6.6%（见图4.7）。真正要稳定增长的动能，还需要继续深化一系列结构性的改革。

经济增速的下滑显著地影响了政府的财政收入，政府的公共支出增速仍将继续保持较高的水平。中国财政收入在2007年以后经历了大幅度的下滑，收入增速由2007年最高的32.4%下降到2014年的8.6%。2018年，全国一般公共预算收入增幅下降到6.2%（约18.3万亿元）。财政支出增速也从2008年最高的25.7%下降到2014年的8.3%。2018年，全国一般公共预算支出增长8.7%，达到22万亿元。财政收支的

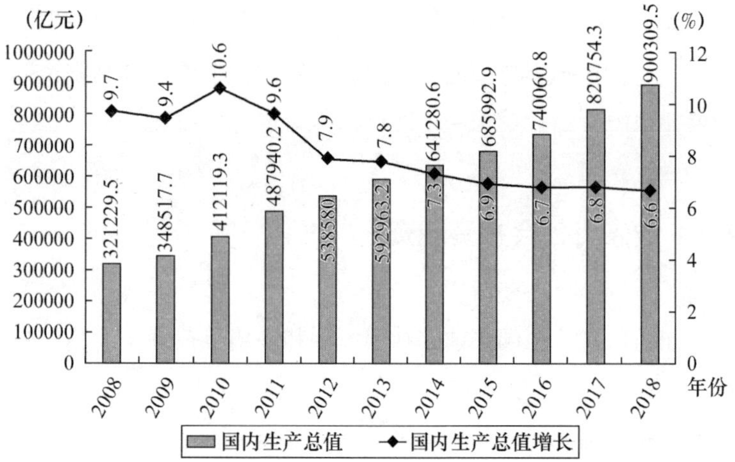

图 4.7　2008 年以来的中国经济增长

资料来源：国家统计局。

变化趋势导致赤字不断扩大，到 2018 年财政赤字总额达到 3.76 万亿元。

截至 2018 年底，中国纳入预算管理的中央政府债务 14.96 万亿元，地方政府债务 18.39 万亿元，合计政府债务 33.35 万亿元，占 GDP 比重的 37%①，低于欧盟 60% 的警戒线，政府债务风险总体可控，但增速过快，政府通过赤字为社会领域投资融资的空间将受到挤压。

4.3.2　市场杠杆率高企

国际金融危机爆发以来，中国的政府、居民和企业部门都

① 中央政府债务和地方政府债务余额数据来自中国政府网《关于 2018 年中央和地方预算执行情况与 2019 年中央和地方预算草案的报告》，其占 GDP 的比重为作者测算。

经历了快速的加杠杆过程。从国际比较来看，中国的政府与居民部门的杠杆率总体比较低，风险在可控范围。但是企业部门债务负担的快速上升，成为宏观杠杆率攀升的主要推手。截至 2018 第三季度，非金融企业部门杠杆率为 152.9%①。

与发达国家相比，中国金融市场总体发展滞后，股权融资比例低，过度依赖债务融资。企业部门债务杠杆的急剧攀升，将威胁银行系统的稳定，从而进一步制约企业的投资能力。中国债务扩张的一个重要基础是高国民储蓄率，由于人口结构的根本性变化，中国的国民储蓄率也出现见顶现象，预计在未来将持续下降。这也将限制企业的融资空间。

4.3.3　社会部门的筹资

在许多发达国家，来自民间社会的资金往往也构成社会投资的重要来源。以美国为例，来自个人和企业的公益捐赠与 GDP 的比例长期保持在 2% 左右。相比之下，中国社会捐赠的总规模和相对水平还比较低。

根据民政部门的统计，中国的社会捐赠在 2008 年前一直呈稳步增长态势。由于 2008 年汶川大地震，中国社会各界的公益意识普遍高涨，社会捐赠达到了历史性的高峰，捐赠款物合计达到 764 亿元。2008 年之后，社会捐赠水平一度稳定在 500 亿～600 亿元（见图 4.8）。2014 年开始，随着公益服务体系的健全，慈善机构公信力的重建，社会捐赠水平稳步提升。

---

① 资料来源：国际清算银行。

根据民政部《2018 年民政事业发展统计公报》，2018 年全国社会组织共接收社会捐赠款物 919.8 亿元，比 2014 年增长了 75%。

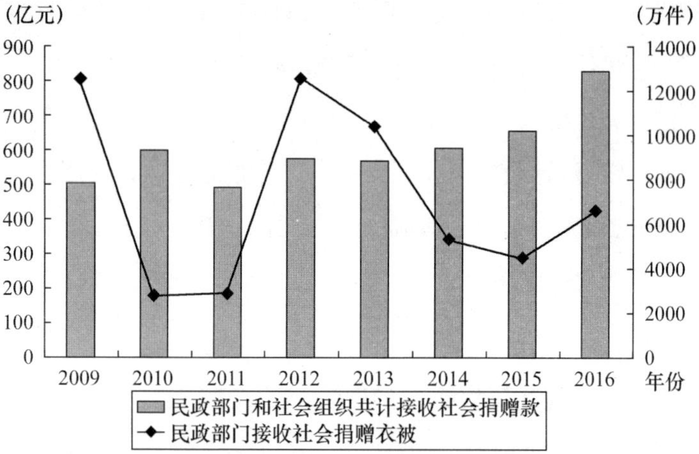

图 4.8　2009～2016 年社会捐赠款物情况

从中国慈善联合会发布的《2018 年度中国慈善捐助报告》看，我国境内社会接收捐赠款物总量要更高一些。2018 年接收国内外社会捐赠款物总额共计 1624.15 亿元。其中，现金捐赠首次突破 1000 亿元，创历史新高，占全年 GDP 的 0.18%，社会捐赠集中在教育、扶贫与发展、医疗健康三大领域。报告显示，民营企业是捐赠的主力，全年捐赠约 450.32 亿元；国有企业全年捐赠 310.90 亿元。从行业看，制造业、房地产业、金融业捐赠额最高，依次排在前 3 位。

4.4　社会价值投资的角色

前述的诸多社会问题具有重要性和紧迫性，应对这些问题充满了挑战。这些挑战一方面来自问题本身的复杂性和艰巨性，另一方面也来自解决问题的能力、条件、手段的不足。

自 20 世纪 50 年代中期至改革开放前，中国实施的是全面的计划经济体制。在计划体制下，由政府指令而非由市场掌握资源的配置，而且政府几乎包揽了一切社会事务，因此私人部门和社会部门都处于严重的被抑制状态。在农村地区，由于政府公共服务覆盖有限，其更多依赖于（村）集体自身的资源动员，因地制宜地提供基础性的教育、卫生等公共服务。

改革开放以后，中国的私人部门和社会部门并没有得到同步的发展。20 世纪 80 年代，市场在资源配置中的作用日益显著，私人部门的力量已经得到了很大程度的释放和解放。随着 1993 年社会主义市场经济体制作为改革目标的正式确立，以及 2001 年中国加入世界贸易组织，中国社会主义市场化改革步伐进一步加快，私人部门得到了蓬勃的发展。在中国的改革开放过程中，社会部门虽然也有了一定程度的发展，但总体上仍处于“跛行”的状态，政社不分仍是一种常态。在应对各类带有公共性的社会问题时，政府一直是最重要的力量，在很多时候也不得不如此。私人部门和社会部门虽然能够贡献部分力量，但总体上来说仍是微不足道的。随着社会利益格局的分化以及既得利益群体的形成和固化，政府在社会事务中“包打天下”面临越来越多的挑战。

首先，政社不分使得各类社会问题很容易都变成政府问题，使得政府难堪其重。由于社会部门本身力量薄弱，这种薄弱在一定程度上还源于政府的严格管制，使得社会部门既无动力又无能力去应对更多的社会挑战。一些本可以由社会自主解决的问题，也不得不由政府承担解决的责任，而一旦解决不好就很容易演变成“合法性危机”，政府因而不得不投入大量的力量来确保“稳定”，长此以往，变成难以承受之重。

其次，随着社会生态的日益复杂化，社会问题的解决也更加需要精细化和专业化，而这与行政管理体制改革的长期趋势构成了矛盾。简政放权、提高效能是行政管理体制改革的长期趋势，这要求政府进一步精简部门和分流人员，在一定程度上将制约政府解决社会问题、提供社会服务的能力。对于改革后的政府部门和人员来说，各项公共服务的提供也要求更加专业化和高效，服务的范围需要压缩，这与不断增长的社会服务的专业性、复杂性和多样性构成了矛盾。政府在社会服务提供方面必须要转变定位和角色。

再次，经济新常态下，政府的财政收支平衡压力加大，资源动员能力受到限制。近年来，随着中国经济进入新常态，政府的财政收入由超高速增长转向中高速增长，而财政支出则仍将在一段时期保持高速增长并有刚性化的趋势，这使得财政收支平衡压力凸显。这势必会影响政府对相关社会服务的投入力度。

最后，转型和改革过程中的很多问题都是适应性挑战，需要引入新的价值导向，需要更加灵活和创新的机制去应对，而这又非存在巨大体制惯性的公共部门所能完全满足的。

4.5　社会价值投资的潜在作用

社会价值投资以市场化的手段来解决社会发展中的问题，可以在一定程度上整合政府、私人和社会部门的各类资源，打破各部门在资源投入上的藩篱，从而可以在应对上述社会发展问题中发挥积极作用，主要表现在以下几个方面。

第一，扩大资源动员的范围。社会价值投资结合了商业性投资和社会性投资的特点，允许投资者获得一定的商业回报，这显著有别于传统的慈善，降低了包括私人部门在内的各类潜在投资主体积极参与解决社会问题的门槛，提升了其参与的愿望，因此有助于扩大资源动员的范围，有助于减少社会投资的资金缺口以及知识和经验的缺口。

第二，提升资源投入的效率。社会价值投资以市场化的方式运作，可以充分利用市场中灵敏的价格信号以及各类投资工具，允许投资主体灵活地进出市场，从而硬化社会价值投资项目的预算约束，及时调整产品和服务的供求关系，使得各类资源的稀缺性能够得到较为充分的反映，并通过价格信号将资源导入综合价值（包括社会价值和经济价值）更高的领域，从而使相关领域资源投入的效率得到提升。

第三，提高社会投资的可问责性。制约中国政府公共服务改进以及公益慈善发展的一个重要因素是透明性的缺乏。社会公众对公共服务部门和慈善机构的运行机制、服务提供结果和成效缺乏必要的信息，因此难以在实际上发挥监督和问责的作用。作为一种投资行为，社会价值投资内在地要求有清晰的财务和社会价值回报，在设计产品和服务时，必然要求所产生的社会结果是可预期、可测量的，使社会价值投资项目变得更加透明，这也便于及时地对相关项目进行评估，便于相关利益方对项目进行监督，并根据结果对投资行为、方式、手段进行问责。

第四，带动公共部门改进公共支出的绩效。社会价值投资通过整合公共部门、私人部门和社会部门的资源，可以形成一种独特的公共与私人部门合作模式（PPP），减轻公共部门的财政负担，提高公共财政支出的效率和效能。

第五，撬动社会部门的发展。传统的社会部门主要靠自有资金或公共部门的服务购买来保障社会服务提供的资金。社会价值投资的引入则有助于将主流的商业投资引入社会领域，使得通过金融市场动员资金成为可能，并在此过程中整合各利益相关方的知识、技术、渠道，这为处于社会价值创造第一线的各类社会组织的成长提供了新的机遇，有助于促进社会部门的发育和赋能。

综上所述，社会价值投资的发展将有助于促成公共部门—私人部门—社会部门之间的广泛联系与合作，为各类社会问题提供创新的解决方案。但是，这里并不是说社会价值投资足以取代传统的慈善以及公共部门投入。不难理解，社会价值投资也有其力所不能及之处。譬如说，有些社会问题的解决很难找到一个恰当的解决方案，也不是所有社会问题的解决都能有合理的方法去进行价值量化，因此相关的社会价值投资工具和手段就缺乏必要的技术基础。此外，公共部门和传统的慈善在响应某些社会需求时也有自身的优势，社会价值投资并不总是最便捷有效的解决方案。从运作成本看，社会价值投资需要有高水平的专业化的分析作为基础，而这不仅需要更多标准化的程序，而且在项目准备、实施和评估过程中也需要更多的时间和资金成本。因此，对于社会价值投资，不应该简单地视其为对传统慈善和公共服务的替代，而是着眼于其与其他社会问题解决方案之间的互补与协调作用。

第 5 章

中国社会价值投资之供给侧

5.1 引言

中国的社会价值投资仍处于起步阶段。如果仅看社会价值投资本身，规模还很小。但是，如果看整个生态系统，参与社会价值投资的主体类型已经相对丰富，而且数量也在增长。不论是在供给侧还是在需求侧，除了有和国外相似的典型企业和机构，还有一些中国特色的主体和做法，在生态系统中发挥了重要的作用。可以说，中国社会价值投资的发展已经具有良好的基础，潜力巨大，只是因为对其认识的不充分和支持性的环境还不完善，导致潜力尚未被充分认识和发掘。

本章和下一章分别对中国社会价值的供给侧和需求侧进行鸟瞰式的回顾，介绍参与主体、投资工具和手段、投资活动以及政策环境，为国内外读者提供关于中国社会价值投资的基本图景。不过，由于社会价值投资及相关的概念在中国仍是新事物，缺乏来自政府部门或行业公认的定义和标准，更谈不上开展规范的统计，使得对参与主体和投资活动的介绍都难以做到全面。在中国，迄今为止对社会价值投资接受度比较高的还是在公益慈善界，但其缺乏足够的资源。主流投资界和政府部门掌握了大量的资源并做了许多出色的工作，但对社会价值投资的了解和讨论都有限，没有从社会价值投资的角度去认识它。这种资源禀赋和观念认识上的背离，导致出现“做了的不说，说了的没能力做”的现象，使得对社会价值投资的全面介绍更加困难。因此，本章的任务之一，就是消除这种资源禀赋和观念认识上的背离，推动社会形成关于社会价值投资的共识。

对中国社会价值投资供给侧的介绍重点关注三大类参与主体，此外也介绍使用的投资方式和工具。第一类主体是资本来源方，即以自己拥有的资产和收入投入社会价值生产并获得回报的机构和个人；第二类是投资中介方，即将从外部筹集的债权或股权资金投资于社会价值生产的机构和个人；第三类是投资辅助机构，包括帮助资本来源方和中介方的社会价值投资活动提供研究、咨询、审计和评估的机构和个人。对供给侧的主体按照投资的角色和功能做如此划分，在理论上可行，但在实践中可能会遇到困难，因为同一类型主体（如银行）在不同的情景下担任多重角色，而现代金融工具的发展以及资产组合的运用，使各类主体的性质更加模糊。因此，本章对供给侧（以及需求侧）主体的划分只是为了便于读者理解而作出的不尽严格的选择。

5.2 资本来源方

政府、社会目标导向型的企业、社会责任型的企业、各类基金会和非营利组织、高净值的个人都可以提供社会价值资本。在中国，长期从事慈善公益活动的基金会和企业的社会责任部门有条件较早接触社会价值投资的理念，并有意识地进行投资，走在这个领域的前沿。政府、高净值的个人以及其他主体，有些已经开展了社会价值投资，只是没有做清晰的投资资产分类，他们未来有很大的潜力开展社会价值投资，因此这里也将他们的发展状况进行介绍。

5.2.1 基金会

当前，中国有明确社会价值投资导向的投资主体主要是各类基金会。自2004年《基金会管理条例》颁布以来，中国各类基金会数量迅速增长。据基金会中心网的统计，中国基金会数量达到7015家。2017年底中国基金会净资产规模超过1563亿元。

近年来，一些基金会如南都基金会、友成基金会、乐平基金会等都在不断关注社会价值投资，对优秀的社会企业进行资助和投资。譬如，成立于2007年的友成基金会，在此后的11年里投资4.1亿元自主研发创新平台项目18个，资助各类社会组织和社会企业260余家。乐平基金会从2010年成立起就申明专注于社会企业投资、社会企业家培养和社会投资行业倡导等目标，成功地进行了多项社会价值投资。

【专栏5-1】　乐平基金会的社会价值投资

乐平基金会是中国最早创建和投资培育社会企业的公益机构之一，2013年以来，已投资培育了5家社会企业，针对缺少平等发展机会的人群，提供金融服务（农村小额贷款）、教育服务（职业教育和学前教育）、职业发展服务（包括农业生产和城市就业），总投资规模超过1亿元，直接服务超过10万人，惠及逾50万人口，为他们提供在市场中难以获得的服务，并帮助其扩大经营、提高能力、增加收入、改善生活。乐平基金会投资设立的富平家政被《社会企业观察》等多家机构评价为中国最成功的社会企业之一。

截至2015年底，乐平基金会在山西永济和四川大邑投资设立2家小额贷款公司，累计为8000多户农民发放小额贷款，贷款总额达到3.53亿元。乐平基金会投资的富平家政为34000余名农村妇女提供家政职业培训和就业服务，帮助她们摆脱贫困，这些农村妇女有70%来自贫困地区。乐平基金会投资的千千树儿童教育咨询公司为1300所农村幼儿园的孩子提供适合农村教学的课程，为6000名乡村教师提供培训和长期支持，累计惠及农村儿童15万名。乐平基金会投资的富平创源农业公司支持100多户农村生产者留在土地上创业，为3500户家庭提供安全菜品。

> 乐平基金会投资的社会企业为农民、农民工等弱势群体提供了他们支付得起的优质服务，而这些服务是难以在公共服务与商业市场上获得的。乐平基金会通过这种方式，使他们获得平等发展的机会，并提升其自我发展能力。同时，乐平基金会通过业务模式的创新，影响相关领域的政策制定，吸引同行进入，扩大行业规模，带动行业建立标准，从而积极推动相关领域的发展。

资料来源：课题组对乐平基金会的访谈。

5.2.2 企业社会责任及社会责任型投资

随着中国企业社会责任意识的普遍提升，积极履行社会责任的企业也越来越多地涌现。目前，一些国内知名的大企业，如联想集团、海南航空等，将公益创投（Venture Philanthropy）纳入自身的社会责任战略①，其履行企业社会责任的方式不再局限于传统的捐赠。联想集团发起的公益创投计划，为初创和中小型的公益组织提供包括综合能力建设在内的创业及发展资助。该计划第一期已经投资 300 万元，为 16 家民间公益组织提供资助；2009 年又出资 300 万元启动了第二期联想公益创投计划。海南航空开展了社会创新创投竞赛，自 2012 年起，

① 公益创投是公益领域的创业投资，投资对象为创业过程中的公益组织，公益创投即帮助其成功创业，并通过投资间接地帮助解决社会问题。公益创投在运作方式上类似于商业投资行为，它与商业投资的本质区别在于其投资目标的非营利性：公益创投不要求回报，或者将投资回报继续用于公益事业。

竞赛根据不同的主题进行案例征集，最优秀的 5 个创投计划将得到海航集团提供的 40 万元启动资金。这些公益创投项目通常没有经济回报要求，这有别于狭义上的社会价值投资，但为社会价值投资开发了新的可能性。但是，这些企业的社会投资规模很小，局限于公益领域，也只在公益圈内被关注和讨论。

实际上，中国的企业部门具有社会价值性质的投资规模要远远超过被慈善公益圈关注的这些项目。严格来说，企业瞄准特定贫困和弱势人群的市场化产品和服务，都应该被归入社会价值投资。譬如，为经济困难家庭提供的保障性住房项目，以及为贫困落后地区提供的供电服务、邮政服务、供水服务、能源服务等。这类服务满足社会“金字塔”底层人群的基本发展需求，按市场化的方式运作，有稳定的收益回报（但不是总能完全覆盖成本，或者收回成本的周期很长）。由于过去对于此类投资没有进行明确的分类统计，因此我们还难以估计其总体规模，但其规模和价值应该在社会价值投资的框架下被重新发现和评估。

5.2.3　政府部门

虽然现在还没有按照社会价值投资来归类资产，但中国的政府部门实际上已经做了大规模的社会价值投资。向公益性国有企业以及政策性金融机构投入资本金是政府提供社会价值资本的重要方式。在中国，国家开发银行、中国农业开发银行等金融机构对贫困偏远地区的贷款具有明显的社会价值投资性质，而政府则是这些机构的大股东或唯一股东。政府对不同机构的出资方式和渠道存在差别，譬如，2015 年央行以外汇储备委托贷款债转股形式，向国家开发银行和进出口银行注资，农业发展银行则由财政部追加资本金。

一些政府与社会资本合作（PPP）的项目也具有显著的社会价值投资属性。在党的十八大后，中国政府大力推动 PPP 发展。财政部 PPP 中心数据显示，2018 年财政部口径共成交 2185 个项目，总投资规模为 2. 73 万亿元；全口径共成交 2513 个项目，总投资规模为 3. 16 万亿元（见图 5. 1）。随着 PPP 项目管理的规范化，2018 年相关项目数量和投资规模都有所减少，但仍保持较高的水平。这些项目主要集中于交通、通信、能源、水资源等领域，其中在贫困地区开展的项目、环保类的项目从资产类别上应该归类于社会价值投资范畴，有望

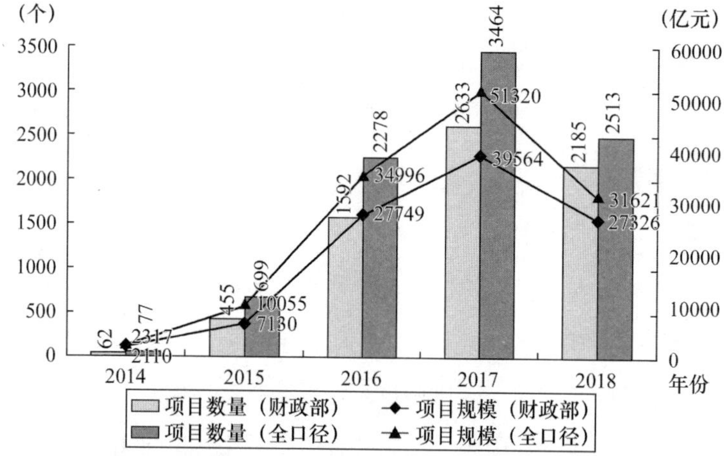

图 5. 1　2014 ~ 2018 年不同口径投资 PPP 项目数量和规模情况

资料来源：北京明树数据科技有限公司：《2018 年中国 PPP 市场年报》（简版），http：//www. sohu. com/a/287302642_ 480400。

成为重要的社会价值投资类型。

5.2.4　高净值个人

中国经济的持续快速增长，带来了居民财富的快速积累。据瑞信研究院（2015）估计，目前中国中产阶层人数已增长至全球首位，达 1.09 亿人。自 2000 年以来，中国中产阶层的财富增长 330%，2015 年已达 7.3 万亿美元，占全国财富的 32%。瑞信研究院 2018 年发布的《全球财富报告》显示，自 2000 年以来，中国超高净值群体（5000 万美元及以上）快速增长，新增约 16430 人，占全球新增超高净值人数的 15%，超过亚太区所有其他国家和地区之和。

这些高净值人群及其领导的企业在公益捐赠上起到了引领作用。2005 年，蒙牛集团创始人牛根生宣布捐出所持蒙牛乳业的全部股份和大部分红利，发起“老牛基金会”，并于 2011 年辞去蒙牛集团董事会主席职务，全身心投入慈善事业。2011 年，全球最大的汽车玻璃供应商——福耀集团董事长曹德旺成立了“河仁基金会”，并将曹氏家族持有的 3 亿股福耀集团股份捐赠给该基金会。位列 2015 年《福布斯》中国富豪榜前 10 位的王健林、马云、马化腾，在当年《福布斯》中国慈善榜中分别列第 3 位、第 13 位和第 4 位。随着公益慈善以及社会价值投资理念的普及，高净值人群未来有望成为重要的社会价值投资资本的来源。

5.2.5　普通个人

普通个人并不是社会价值投资的无关者。据《2018 年度中国慈善捐助报告》，2018 年中国内地的个人捐赠共 360.47 亿元，同比增长 3.24%，占中国内地捐赠总额的 25%，个人捐赠在总捐赠中的比重总体呈稳健增长态势。和国外相比，我国个人捐赠的比例还比较低，未来有很大的增长空间。随着公益捐赠理念的普及和捐赠平台的完善，以及新的社会价值投资工具的开发，未来个人的捐赠资金将可被用于社会价值投资。

【专栏 5-2】　李昌平和郝堂村的“内置金融”实践

2009 年，在中国乡村建设研究中心主任李昌平的倡议下，信阳市平桥区五里店郝堂村开展了农村“内置金融”的试验，成立了夕阳红养老资金互助合作社。

合作社以“资金互助促发展，利息收入敬老人”为宗旨，以“民办、民管、民受益”为原则，以郝堂村的老人为主体会员，自主经营、自负盈亏、民主管理、利益共享、风险共担、权利平等、入社自愿、退社自由。

合作社发起股金为 34 万元。其中，合作社 7 名敬老发起人每人出资 2 万元，首批入社的 15 名老年成员每人出资 2000 元，平桥区科技局代表平桥区政府入股 10 万元，李昌平课题组入股 5 万元，郝堂村村委会入股 2 万元。合作社成立以后，五里店办事处投入 10 万元。

合作社可以吸收村民存款，向本村村民发放生产生活贷款。为了补充资金来源，合作社可以吸收村民和会员的定期存款（个人存款上限为10万元，月利率高于银行1个百分点），此外每年从盈余中提取一定量的公积金、风险金等，作为在核准的业务范围内开展活动或服务的收入。合作社章程规定，贷款对象必须为郝堂村村民；贷款用途为包括农业、运输业、服务业、加工业在内的合法生意；贷款须向理事会或10人小组提交书面申请，并需要有财产（承包地、林地、水面、房屋等）抵押；贷款审批人负责贷款的跟踪管理和到期回收。贷款1年期月息1分，3~6个月期月息1分半，1~2个月月息2分。

在利润分配方面，合作社成立之初的7位发起人、平桥区政府、李昌平课题组的股金不参与利润分配，村委会的股金收入用于扶持郝堂村五保户。合作社章程规定：合作社利息收入中，40%用于养老金，30%用于公积金，15%用于风险金，15%用于管理费。

合作社成立当年，入社的15位老人每人分红养老金350元。截至2013年，全村近200名老人加入合作社，入社率超过80%。同时，合作社累计发放贷款超过500万元，资金总量超过340万元。合作社在解决村民融资难、农民养老以及村民自治上起到了积极的作用，推动了村庄共同体的团结和振兴。

资料来源：李昌平，“李昌平郝堂实验：将农村建设得更像农村”，中国乡村发现网2014年7月8日。

5.3 资本中介方

从国际上看，典型的社会价值投资资本中介包括社会银行、社区开发金融机构、社会价值投资基金管理人等。在中国，专门从事社会价值投资的银行类机构和投资基金管理人还很少，但是已经出现了少数具有社会价值取向的投资中介。不仅如此，商业性金融机构、主流的私募基金管理人也开始关注具有社会价值的投资项目。

5.3.1 社会价值导向的私募基金

21 世纪以来，关注社会价值的创投企业和私募基金迅速崛起，表现出了强烈和直接的社会价值投资取向。成立于 2001 年的青云创投，尽管将自己的定位表述为企业社会责任投资者，但实际上非常接近于公益创投。青云创投管理着 4 只总额达 6 亿美元的境外环境基金和 2 只总额共计 10 亿元的清洁技术基金，是节能、环保、新能源、生态农业和清洁能源领域的开拓者，目前已经成功投资了近 40 家企业[①]。由青云创投发起的中国环境基金（China Environment Fund）成立于 2002 年，是国内第一只致力于清洁技术投资的海外系列风险投资基金。中国环境基金的投资人包括亚洲开发银行、荷兰政

---

① 社会企业研究中心、深圳市创新企业社会责任促进中心、深圳慈善会主编：《2014 社会影响力投资在中国》。

府基金、香港LESS公司、英国石油、巴斯夫、荷宝、瑞士再保险等国际知名投资机构，目前管理的资金达到3亿美元。

岚山社会基金是首只本土社会私募股权基金，发起成立于2011年，资金募集总规模为1.8亿元，投资规模从500万元到2000万元不等。该基金关注高成长性的社会企业和利用财务杠杆参与民生行业并购整合的机会，目前已经完成两期全部资金的投资。岚山社会基金采用了较为宽泛的社会企业定义，为大多数类别的具有直接社会或环境效益的企业服务，已经进入投后阶段的项目主要集中于可持续生计、乡村教育、垃圾处理等领域①。

5.3.2　股权投资基金/公司

中国私募股权投资在20世纪80年代中期才开始起步，2004年之前虽然经历了两次发展高潮，但由于体制机制没有理顺，发展并不顺畅。2004年深圳中小企业板的创立，为私募股权投资在国内资本市场提供了IPO的退出方式，迎来了第三次投资浪潮，私募股权投资成功的案例开始出现。2018年，中国证券投资基金业协会已登记私募基金管理人24448家，较2017年年末存量机构增加2002家；已备案私募基金74642只，较2017年年末存续私募基金增加8224只；管理基金规模

---

① http://www.lanshangroup.com.cn/portfolio_cn.html.

12.78 万亿元，较 2017 年年末增加 1.21 万亿元[①]。

近年来，许多传统的股权投资机构开始投资具有显著社会价值的项目。2010 年，红杉资本中国公司与国际金融公司（IFC）联合，对中国最大的农村公益小额信贷公司——中和农信进行了战略投资，其中红杉资本注资 7600 万元，以推动解决贫困农户贷款难的问题，贷款服务对象多是农村妇女，主要帮助其发展种植或养殖，增加收入。人保资本投资管理有限公司与中和农信公司于 2016 年 4 月签署 5 亿元“支农支小债权投资计划”。该计划将通过中和农信分布在全国 18 个省区市 170 多个项目县的分支机构，将资金投放到有需求的农户手中，预计将帮助 7 万贫困农户脱贫致富。2016 年 12 月，蚂蚁金服成为中和农信的重量级战略投资者，成为继中国扶贫基金会之后的第二大股东。

由新东方联合创始人徐小平、王强和红杉资本中国在 2011 年联合创立的真格基金，旨在鼓励青年人创新创业，致力于物联网、移动互联、游戏、企业软件、O2O、电子商务及教育培训等领域的种子期投资。近年来，真格基金也对大病医疗保障开展了投资。

5.3.3 投资孵化机构和社会投资平台

近年来，一些社会价值投资孵化机构以及由 NGO 发起的

---

① “2018 年私募股权和创业投资基金规模显著增长，私募基金成高新技术企业重要孵化器”，《金融时报》，http://finance.sina.com.cn/roll/2019-05-09/doc-ihvhiews0699425.shtml。

社会投资平台，也成为新兴的社会价值投资资金来源。创思实验室（Transist Impact Labs）于 2009 年进入中国，搭建社会创新的社区，2012 年正式转型为一家影响力投资公司，致力于通过驱动科技创新来实现并扩大社会影响力，其单笔投资不超过 50 万美元，在提供资金的同时，也帮助创业者突破发展瓶颈。创思实验室还与壳牌基金会合办中国能源孵化项目（China Energy Incubator），为新能源、可再生能源、节能减排、智能交通、绿色出行等领域的创业者及社会企业家提供培育平台。2013 年，英国使馆文化处联合国内知名基金会、投资管理公司及研究机构启动该项目的社会投资平台，面向全国社会企业开展创投竞赛，为胜出机构提供培训及总额达 900 万元的社会投资。2015 届社会投资平台总共收到了 364 家社会企业的 1171 份有效申请，经过数月的评审、孵化和选拔，最终 26 家社会企业成功对接了 29 个社会投资机会。

5.3.4　众筹、众包、众保平台

当前，中国依托互联网开展了大量的商业模式创新，产生了众多新兴的众筹、众包、众扶和互助保障平台，为社会价值投资提供了新的资本通道，其中互助保障的强劲崛起尤其令人关注。

水滴互助是一个针对重大疾病推出的互助保障平台，其在 2016 年推出的第一款保障产品为抗癌互助计划。用户花 9 元成为会员，180 天观察期之后，能够享受相应的赔付权利。当加入平台的用户患上癌症时，最高能获得水滴互助的 30 万元

赔付，范围涵盖了50种癌症。而赔付的资金由平台的用户平摊，原则上每次平摊费用不超过1元。这种方式旨在解决当下以癌症为主的大病发生率持续上涨，而普通老百姓没钱医治、医保没有覆盖的现实问题。2016年5月，互助保障平台水滴互助宣布获得5000万元天使轮融资，投资方包括腾讯、新美大、IDG、高榕资本、点亮基金、真格基金和30多位知名互联网公司的创始人。

2016年7月正式上线的众托帮，注册资本超过1亿元，也是一个互助保障平台。目前众托帮平台已经公测了“众托1号抗癌互助医疗”“众托2号意外互助保障”“创保1号创业失业互助”“学创1号学生综合互助”4款主打产品。

在“互联网+”的大潮下，类似的互助机制和商业模式在中国还在不断涌现。不过，尽管这样的创新面向社会价值创造，商业逻辑合理，但是实际运行中能否实现可持续发展，仍需要面临市场的检验，而且也需要制度、政策以及监管体系的支撑。

5.3.5 P2P平台

P2P作为互联网金融的重要形态，近年来在中国经历了野蛮生长，数量和规模急剧扩张。到2015年，P2P个人信贷和企业信贷规模接近1000亿美元。但是，由于行业发展缺乏规范，近两年来出现大量的P2P企业倒闭事件，目前市场正经历深度调整。P2P作为新的金融解决方案，也可以起到社会价值投资渠道的作用。宜农贷是由P2P公司宜信财富推出的爱心理财创新平台，将城市人口的富余资金与农村贫困人口的借款需求对接，致力于解决农村资金短缺、借贷难的问题。理财用户在平台上自行选择经合作机构审核的借款对象——以农村妇女为主，出借一定数额的资金，到期后除收回成本外，还可获得2%的年均爱心收益。自 2009 年平台启动至 2016 年 8 月，出借金额近 2 亿元，帮助 23 个贫困地区的 19600 余户贫困家庭改善了生产生活条件；同时有超过 16 万名爱心出借人加入了宜农贷公益助农队伍；并始终保持着零坏账的纪录。

5.3.6　开发性银行和政策性银行

国有的开发性和政策性金融机构在社会价值投资领域起到的作用尚未得到应有的重视。国家开发银行到 2018 年发放精准扶贫贷款 2668 亿元，绿色贷款余额超过 1.9 万亿元。中国农业发展银行对 537 个国家级贫困县给予了信贷支持，截至 2018 年 5 月末，中国农业发展银行精准扶贫贷款余额达 1.33 万亿元。此外，中国农业发展银行还支持农村基础设施的改造、农村棚户区改造、危房改造和游牧居民定居工程，惠及上百万农户。中国进出口银行的主要任务是促进中国的进出口业务，截至 2016 年 7 月，该行累计在全国 28 个省份、14 个集中连片特困地区开展了 200 多个金融扶贫项目，批贷资金 150 亿元，带动了数十万家农户脱贫。

5.3.7　商业银行

行业扶贫和对口扶贫是中国扶贫的重要特色。大型的国有商业银行、地方商业银行通常都承担一定的扶贫任务，为贫困地区的产业发展、中小企业、农户提供贷款。其中，中国农业银行、中国邮政储蓄银行、地方的农村信用社因为所在行业和地域的原因，在提供扶贫贷款方面起到了十分关键的作用。中国农业银行到 2018 年底在扶贫开发重点县的贷款余额达到 9239 亿元。中国邮政储蓄银行的 4 万多个网点中，超过 70% 分布在县域及村域，为贫困弱势群体提供再就业小额贷款、“青年创业”贷款、“妇女创业”贷款等小额贷款产品。预计到 2020 年末中国邮政储蓄银行在贫困地区累计信贷投放将不低于 5000 亿元。此外，各地方的农村信用合作社因为立足农村，为农业、农民和农村经济发展提供金融服务，同时依法组织和调节农村基金，支持农业生产和农村综合发展以及各种形式的合作经济与社员家庭经济。

5.4 辅助机构

近年来，中国也出现了一些促进社会价值投资的辅助机构，具体如下。

5.4.1 促进社会价值投资的组织和平台

当前，在中国已经出现了一些致力于促进社会价值投资的组织和平台。成立于 2012 年的深圳创新企业社会责任促进中心（CSRDC），与政府部门、企业、公益组织、基金会、国内外知名大学进行深度专项合作，开展社会价值投资绩效评估。

2012 年 11 月，由友成基金会、恩派公益组织发展中心发起举办了“社创之星”年度评选。每年由在社会创新创业领域具有卓越影响力和公信力的专家推荐全国范围内具有活力和潜力的社会创业代表人物，通过评委会评审、网络投票等方式最终产生年度“社创之星”。截至 2019 年，已诞生“社创之星”300 余位，涵盖残障、医疗、教育、环保、养老、扶贫等领域。

2014 年，南都公益基金会、浙江敦和慈善基金会、马云公益基金会、社会企业研究中心、中国扶贫基金会、中华社会救助基金会等 17 家机构联合发起“中国社会企业与社会投资论坛（联盟）”，以整合资源共同推动社会企业和社会投资的发展。该论坛（联盟）每年召开一次大型年会，组织针对中国社会企业与社会投资发展的调查研究，开展社会企业以及社会投资相关理念的传播和倡导，同时也为成员提供各类服务，帮助社会企业对接资源和项目。

2014 年，友成基金会等 40 多家商业、公益机构发起筹备“社会价值投资联盟”，以“投资”为切入点，将社会创新相关的投资人/机构、项目、咨询服务中介机构、跨界专家等囊括其中，以构建有利于社会问题解决、有利于社会更公平更有效率更可持续发展的创新生态。联盟下设智库平台“社创客”是一个社会、商业、科技的跨国创新与创业社区，其与民政部《中国社会组织》杂志联合出版的双月刊《社会创新评论》，覆盖政策制定者、社会企业、社会组织和投资机构 7 万多读者，是斯坦福大学慈善与公民社会研究中心（Stanford PACS）及其下属《斯坦福社会创新评论》（*Stanford Social Innovation Review*）的唯一中方版权合作伙伴。

除了依托相关网络和平台举行的各类论坛之外，包括“全球社会企业峰会”（Global Social Business Summit）在内的国际性社会企业和社会价值投资论坛与国内的联系也日趋紧密，中国社会企业和社会价值投资界更频繁地走出国门，与国外同行开展交流与合作。

5.4.2　咨询机构

近年来，中国也出现了一些专门从事社会投资和企业社会责任的咨询、评估的机构。2009 年成立于上海的深德公益，通过评估、咨询、筛选、投资等手段，服务于社会性企业、NGO 及各类社会投资者，先后为羌绣、壹基金、老牛基金以及国内外企业的社会企业项目、NGO 发展提供社会投资和企业社会责任咨询服务，参与了社会投资平台的筹建，并与国内知名大学合作成立社会创新孵化器。此外，商道纵横、瑞森德企业社会责任机构、明善道管理顾问有限公司等长期提供企业社会责任咨询的机构，近年来也不断将其咨询业务向社会价值投资方向拓展。从近期的发展趋势看，许多社会价值投资促进组织和咨询机构也开始承担了社会价值投资人的角色。

5.4.3　教学、培训与研究

严格意义上的社会企业和社会价值投资在中国是舶来品，

与此相关的思想、理论传播在一定程度上走在实践前面，并与实践交互发展。2007 年，北京大学经济学院首次在国内大学开设“社会企业”课程。成立于 2008 年的北京大学社会企业研究中心是国内首个专注于社会企业和社会投资研究的机构，并在社区建设、农业开发方面开展了积极的实践。该机构与香港心苗基金会合作完成了中国第一个社会价值投资案例。2012 年上海财经大学首次开设了“社会创业”MBA 课程。

近年来，北京大学公民社会研究中心、北京师范大学社会创新研究院、中国发展研究基金会、湖南大学中国公益研究中心也积极开展了关于社会企业、社会价值投资的相关研究工作和实践。2015 年，北京大学公民社会研究中心与中国发展研究基金会、友成基金会合作，将八国集团的社会价值投资报告首次译介到中国。友成基金会与北京大学经济学院合作开设社会创业网络学分课，以扩大学生的社会视野及创业视野，项目同时还设有小额种子基金，支持学生的社会创业梦想。

5.5　投资工具与方式

目前，股权、债权、信托形式的社会价值投资在国内都已经出现。如前所述，公益信托、公益创投等方式的投资规模还比较小；尽管没有被视为社会价值投资，但政策性金融机构和商业性金融机构承担的扶贫开发贷款、基础设施贷款等规模较大。

在债券融资方面，近年来一个值得注意的进展是绿色债券的快速发展。2015 年 12 月 22 日，中国人民银行发布公告，将在银行间债券市场推出绿色债券，这标志着我国绿色债券市场的正式启动，也意味着社会价值投资工具在中国迈出了标准化、规范化和主流化的重要一步。2016 年 2 月，国家发展与改革委员会发布了《绿色债券发行指引》，随后上海证券交易所发布规则，为绿色债券提供了“绿色通道”。4 月 15 日，北京汽车股份有限公司发行的全国首只绿色债券获得批准。6 月，作为 G20 峰会的主席国，中国倡议 G20 成立绿色金融研究小组，就各国绿色金融发展的最佳实践、主要障碍、促进全球经济绿色转型政策举措等问题进行研究。根据气候债券倡议组织和中央结算公司联合发布的《中国绿色债券市场 2018》，2018 年底，符合国际绿色债券定义的中国发行额达到 2103 亿元（312 亿美元），中国已经成为全球绿色债券发行的风向标。

社会价值导向的指数和基金有所突破。ESG（Environmental Social and Governance，即环境、社会和治理）投资在国内进入快速发展阶段。2018 年，基金业协会发布《中国上市公司评价体系研究报告》和《绿色投资指引（试行）》。2019 年，香港联交所开发了新版《环境、社会及管治报告指引》。近年，多只 ESG 指数发布，包括 ESG 美好 50 指数、中证 180 ESG 指数、美好中国 ESG 100 指数等。2019 年，国内首只可持续发展主题投资 ETF——博时中证可持续发展 100 ETF 发布，该 ETF 由社会价值投资联盟与博时基金联合研发。

第 6 章

中国社会价值投资之需求侧

6.1 引言

中国的社会价值投资需求侧的主体可以分为两大类。

一是社会价值生产者，包括各类社会组织、社会企业、社会目标导向的企业、受政府或社会组织委托提供产品和服务的企业等，这些机构和个人利用社会价值投资资本，结合自身掌握的其他生产要素，向社会提供具有社会价值的产品或服务。

二是社会价值的购买者，包括直接受益人和第三方购买者，这些购买者为具有社会价值的产品和服务支付一定的价格，从而使得相关的投资产生一定水平的社会回报和经济回报。价值购买者可以是直接或间接受益人，也可以是非受益人。譬如，政府或慈善机构可以为一部分不具有经济支付能力的受益者支付所需产品或服务的费用，或者为社会价值投资项目提供财政补贴或税收减免①。

6.2 社会价值生产者

6.2.1 依靠外部资金资助的各类社会组织

各类依靠外部资金资助的社会组织，通过提供各种产品和服务创造社会价值，是社会价值投资的重要对象。截至 2018 年底，全国共有社会组织 81.7 万个，吸纳社会各类人员就业 980.4 万人。2018 年全国各类社会组织接收捐款 191.7 亿元②。尽管这些组织的服务提供不是或者只有小部分采用商业化经营，但是只要给予配套性的政策（如政府服务采购），就有可能实现社会价值和经济回报兼顾，从而成为社会价值投资的对象。此外，即使各类社会组织不开展经营性的社会服务，这些机构也可以和社会企业合作发起项目或提供技术、信息和渠道上的支持，推动社会价值投资发展，因此成为社会价值投资生态系统的重要组成部分。

---

① 政府对社会价值投资项目的支持，严格来说可以分两种：一是补供方，相当于承担了投资人的角色；二是补需方，相当于承担了需求方的角色。其目的都是提高项目的可持续性。从实践来看，在不同项目里的补供方和补需方，效果也存在差异。

② 民政部：《2018 年社会服务发展统计公报》，http：//www.mca.gov.cn/article/sj/tjgb/2017/201708021607.pdf。

【专栏6-1】　中国发展研究基金会的"山村幼儿园"计划

针对西部贫困地区人居分散、交通不便、农民收入低、正规幼儿园运营成本高的现实，中国发展研究基金会于2009年开始试验通过"送教上门"的方式，为贫困偏远农村提供学前教育服务。

该模式依托村级早教点，为无法接受正规幼儿园教育的3~5岁幼儿提供"低成本、保质量、可复制"的学前教育模式。试验启动时，邀请北京大学专家团队做了基线测试。两年试验后，课题组邀请华东师范大学学前教育专家团队进行中期评估，从语言、动作、认知、记忆和社会规则5个方面将实验组和对照组儿童进行比较。测试结果表明，对照组相比试验组儿童，在参加学前教育后各方面的综合能力有显著提升。乐都县（后改为乐都区）参加早教点活动的3~6岁幼儿的综合能力得分与青海省城镇同龄在园幼儿相差17%，前者得分率为69%，后者为81%。而作为对照的尖扎县、平安县（后改为平安区）农村3~6岁幼儿综合得分分别为50%、49%。从横向比较看，试验组儿童的综合发展显著胜过对照组。与基线测试时相比，儿童在语言、认知、精细动作和社会交往等方面也有显著改善。通过"走教"的方式，为山村散居儿童提供学前教育服务，使教育服务能传递到贫困居民的家门口，同时也大幅度地减少了家庭为接受服务所承担的成本。

目前，山村幼儿园这一模式已经在11个省份开始试点，该计划下共有3800余所（班）幼儿园，累计受益儿童超过25万人次。与此同时，新疆、贵州等西部省份的地方政府也开始采用这一模式。在青海省海东市乐都区，通过推广山村幼儿园模式，偏远地区农村的学前三年毛入园率从2009年的48.2%提高到2019年的98.8%。

山村幼儿园项目是非营利性和非经营性的，项目资金来自企业和社会各界的公益捐赠，项目不对入园的儿童收费。但是该项目很容易向社会企业转化，可以通过家长付费、政府或社会资助以及第三方购买的方式，从而获得经济收益和实现可持续经营，并向投资者提供一定水平的投资回报。

社会企业是以商业手段实现社会目标的企业。社会企业通过提供产品和服务创造社会价值，在此过程中获得足以支付投资的回报，是社会价值链条中的重要一环①。在中国，尚无官方和法律上的社会企业定义，行业和学术界对社会企业的概念也存在不同的理解。

从世界其他国家以及我国自身的实践来看，中国目前可以归入社会企业的机构主要有四类：一是经营性的民办非企业单

① 在不同的国家，对社会企业的界定标准往往不一样，但各国的社会企业一般来说具有如下共同特点：有特定的社会目标、持续地提供产品或服务并参与市场交易、承担经济风险、有限的利润分配。

位（民非）[1]；二是获得民政部门认定的社会福利企业；三是为贫困弱势农户提供服务的经营性农民专业合作社；四是其他社会企业，包括在工商部门登记注册的社会目标导向型企业，可以是非营利性的，也可以是营利性的。

根据民政部门的统计，2018 年全国共有民办非企业单位（民非）44.4 万个，比 2014 年增加了 15.2 万个，总体呈蓬勃发展态势。民非组织中，有一些组织持续地开展经营性的服务和产品提供，具有典型的社会企业特征，目前已经涌现出一些具有代表性和影响力的案例，如天津鹤童、北京富平、北京帮为等。

【专栏 6-2】　经营性的民非组织：天津鹤童与北京富平

天津鹤童成立于 1995 年，恪守着民间性、自治性、志愿性、公益性和非营利性的原则，逐渐发展成鹤童老年福利协会、鹤童民办非企业系列单位、鹤童老年公益基金会三位一体的为老年社会服务的鹤童品牌。鹤童旗下的民办非企业系列单位包括：长期照护（LTC）老人院 7 座（其中 1 座接受政府委托管理，1 座为中国红十字基金会项目），老年病医院 1 座，老人护理职业培训学校 7 座（其中 5 座为全国连

① 1998 年 10 月，国务院颁布了《民办非企业单位登记管理暂行条例》，将民办非企业单位界定为：企业事业单位、社会团体和其他社会力量以及公民个人利用非国有资产举办的，从事非营利性社会服务活动的社会组织。

锁加盟校），国家职业技能鉴定所1个；尚未登记的试运行机构主要有免陪护派遣中心、餐饮配送中心、老年用品研究所；此外，还有已进行企业登记的公益性物业服务公司1个。经过20多年的努力，鹤童已建立起一个年收入突破5000万元、较有规模的养老社会服务的产业集团联合体。

北京富平家政学校成立于2002年，是一家关注低收入群体（贫困人口），促进贫困人口的福利改善与平等发展机会增加、促进社会公平发展的非营利组织。富平一直致力于帮助中西部贫困家庭的女性在城市实现体面就业和发展。富平的家政服务员来自甘肃、河北、河南等省份，由外省劳务输出部门按《富平招生标准》统一招收，在当地体检并进行身份核实。家政服务员在上岗前，均在通州区的培训基地接受为期2周的封闭式岗前培训，学习烹饪、保洁、育婴、护老等课程，并通过考核。此外，富平还组织家政互助小组，组织岗上学员学习电脑、英语等课程，并组织市内游园活动，以便她们不断充实自我，在提高服务质量的同时，实现自身发展，更好地融入城市生活。截至2014年12月，培训就业了30000余名家政服务员，其中90%来自偏远地区，累计为14000余户北京市居民提供了放心、专业、有保障的家政服务。富平在家政职业化方面的尝试也逐渐得到了社会的认可。

社会福利企业是具有中国特色的社会企业类型，在为残疾人提供就业和经济参与机会上发挥了很大的作用。截至2014年底，全国共有为残疾人提供服务的机构（福利企业）16389

个，吸纳残疾职工47.9万人就业（见图6.1）。2014年，全国福利企业实现利润95.2亿元，年末固定资产达到1789.3亿元。自2016年起，民政部取消社会福利企业资质认定。财政部和国家税务总局印发了《关于促进残疾人就业增值税优惠政策的通知》，对促进残疾人就业的增值税政策进行调整、完善，由税务机关按残疾人就业人数退增值税。

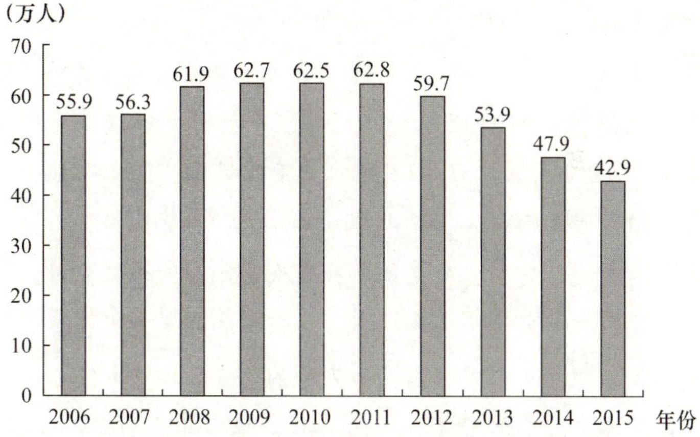

图6.1　福利企业中就业的残疾职工人数

资料来源：民政部《2014年社会服务统计公报》。

【专栏6-3】　创新型的社会福利企业

深圳残友集团是民政部门认证的社会福利企业，也通过了2015年中国慈展会社会企业认证，截至2014年2月，已在深圳、北京、上海、广州、珠海、海南和港澳台地区开办了36家分公司，仅深圳就有下属公司11家，共为3700多名残疾人解决了就业问题。

深圳残友集团通过商业化运作模式为社会提供公益服务，成立了如中华残疾人服务网、深圳市信息无障碍研究会、深圳市残友社工服务社、中华残疾人服务网义工队等公益机构。其中，深圳市残友无障碍出行服务中心自2011年开展“关爱大篷车”以来，为12000多位残障人士提供了出行服务，帮助他们实现了就医、访友等出行过程中的一系列专业化标准服务；残友“爱心书柜”自2010年开展以来，为无数残障人士实现了就业和收入来源，设立的柜台也越来越多，成为与其他知名NGO组织合作的公益平台；卫宁读写障碍中心自2011年开展为7～12岁的儿童提供支援服务以来，服务人群超过10500人次。

海南残服定位为专门解决残障人员就业的服装公司，员工主要以农村残障人士和残障人士家属构成，加工各类服装服饰及纺织品。公司根据残障人士的需求和特点专门安装了无障碍设备，完善员工的工作环境，提高生产效率；同时，该公司还与海南省残疾人基金会签署合作协议，从每年的利润中拿出一定比例捐赠给基金会，专项用于残障人员相关培训服务及工厂设备的无障碍化改善。此外，海南省残疾人基金会和海南省残联还为该公司提供部分订单来源，为其可持续运营提供支持。2016年4月该公司开始投入运营，不足一个月时间，已经接了20多万元的订单。20多位农村残疾职工最高的每月可挣到5000元左右的工资，最低的也有1500元。这可以让残障人员通过自己的努力走出生活的困境，实现自己的人生梦想。

在欧洲，合作社是社会企业的重要组成部分。中国的农民专业合作社是一种经济互助性组织，为市场中处于薄弱境地的小农户提供生产资料，或者向他们提供农产品的销售、加工、运输、贮藏服务，以及相关的技术和信息服务。在贫困地区，农民专业合作社对于贫困农民的家庭生产和生活具有重要的作用。自2006年《农民专业合作社法》颁布以来，农民专业合作社取得了迅猛的发展。截至2018年底，全国在工商部门注册登记的农民专业合作社数量已达到214.8万家，全国入社农户超过1亿户。不是所有的专业合作社都是社会企业，但是只要合作社能继续创造社会价值，就可以成为潜在的社会价值投资对象。

【专栏6-4】　山西的综合农协和种植专业合作社

山西永济“蒲韩乡村社区”缘起于1998年在蒲州镇寨子村建立的“科技服务中心”，2000年又建立了“妇女文化活动中心”，后在当地党政主要负责人的大力支持下，于2004年经民政部门登记注册为社会团体，正式设立了“永济市蒲州镇农民协会”。2007年更名为“果品协会”。由于其业务范围超越蒲州，跨蒲州和韩阳两个乡镇，所以自取了“蒲韩乡村社区”的名字。2005年该农民协会开始谋划发展经济业务，决定借鉴南街村的集体经济发展模式和成都生态农业的发展经验在协会所辖的寨子村启动“千亩生态园”项目，以整合全村土地资源，合理规划园区格局，打造生态旅游村。现在，“蒲韩乡村社区”已经成为拥有大宗农产品运销、有机农业种植和技术推广、农资购买和消费品购销、手工艺品生产与销售、信用合作，以及老年服务、健康服务、垃圾处理、社区教育、农耕文化等多种功能齐备的综合性“三农”协会，为破解我国“三农”难题提供了解决之道。

山西武乡县三里湾种植专业合作社组建于2006年，经过其不懈努力，成员由50名增加到168名，参与农户由260户扩展到2830户，覆盖周边近30个村。截至目前，该合作社实有资产总额1100万元，其中固定资产650万元，流动资产450万元；种植基地达到6000余亩，标准化粮仓30间近3000平方米，各种设备62台（套），加工设备流水线6条；合作社产品主要有有机黑花生、原生态石磨面粉、原生态有机小米、绿色精品小杂粮等。目前，该合作社通过延长产业链，已形成种植、养殖、加工、销售一体化绿色循环经济发展模式。2008年该合作社被山西省省委、省政府评为“十佳农民专业合作社”，同年获得山西省“十佳特色农产品”称号。该合作社实行统一技术、统一管理、统一回收、统一加工、统一包装、统一商标、统一销售、统一分配（盈余返还）的“八统一”管理办法。该合作社64%的成员是以现金入股，既是股东又是种植农户；30%的成员以现金入股，作为单纯股东只参与年终分红；6%的成员以土地承包权入股，按市场价格折合成股本参与年终分红。

资料来源：杨团，“山西永济蒲韩乡村社区的综合农协实践”，《南方周末》2013年3月28日；高强、孔祥智，“农民专业合作社与村庄社区间依附逻辑与互动关系研究”，《农业经济与管理》2015年第5期。

除了前述的机构类型外，近年来中国还涌现出许多以公司身份注册的社会企业，涵盖小额信贷、文化和教育、医疗卫生、弱势人群就业等诸多领域。近年来，已经有不少企业明确将自己定位为社会企业，并按照一定的行业规范来运营，如中和农信、携职、盛世锦绣等。此外，慈善公益界也推出了民间版的社会企业认证，2015 年中国慈善展览会上，包括深圳残友在内的 7 家社会企业成功通过认证。截至 2018 年，我国有 238 家企业通过社会企业认证。但是总体上看，我国自我定位的社会企业和通过认证的社会企业在数量上还很少。

【专栏 6-5】　中和农信：中国最大的小额信贷社会企业

中和农信是一家专注于农村小额信贷的社会企业，其前身是建立于 1996 年的中国扶贫基金会小额信贷项目部，于 2008 年转制成公司化运作，专门负责小额信贷扶贫试点项目的实施与管理，为那些从正规金融服务或商业金融机构无法获得贷款支持的贫困人口提供无须抵押的小额信贷，并致力于帮助贫困弱势群体提升自立能力，从而摆脱贫困。截至 2015 年 5 月 31 日，中和农信小额信贷在全国 17 个省份的 147 个县和地区开展小额信贷扶贫项目，累计放款笔数突破 100 万笔，放款金额突破 100 亿元。2015 年 9 月 12 日，中和农信旗下的互联网金融平台——乡信正式上线，旨在借助互联网技术为农村的微型创业者和投资者们提供借贷居间服务。

【专栏6-6】　　携　职

近些年全国每年大概有700万大学毕业生，加上往届毕业生，共有1000多万毕业生在寻找工作。由于信息不对称，所学专业与企业需求不匹配，期望值过高，缺乏求职相关的基础知识等原因，6.7%的应届毕业大学生半年找不到合适的工作。而在另一个城市找工作常常需要较长的时间，导致大学生异地找工作成本过高。

为全国各地来杭州求职的大学生提供最灵活、最方便、最经济、最温馨的短期居住旅社并帮助大学生减少求职的盲目性，提高求职的成功率，2008年7月携职应运而生。携职形成了“求职住宿+求职培训+求职服务”的新模式。最基本的廉价住宿服务是基础（多人间28元/晚），大学生支付房租成为其收入的主要组成部门。而“人才红娘”“职前培训”“大学生人才市场”“应届生人才网”四个部分，则是携职提供给大学生的增值服务，其中人才服务和职前培训部分主要来源于企业费用和政府补助。在获得了越来越多的资源之后，携职又开始提供人才档案、户口管理等服务。

同时，携职创建了校企对接大数据搜索平台，利用海量数据的收集、分析、搜索，为供求双方快速搭建数据流、信息流；更进一步，携职与大专院校联合成立“就业大学”，用线上MOOC与线下培训相结合的方式帮助更多大学生提前掌握就业相关技能，借助“互联网+”概念建成“全国人数最多的大学”；携职还加入阿里巴巴的“百城千校”计划，共同签署了跨境电商人才培育协议。

9年多来，携职服务全国各地大学生5万余人。2015年，携职启动浙江携职创业学院项目，经批准于2017年正式成立浙江携职创业学院，提供就业培训等服务，帮助学生就业。

【专栏6-7】　　晟世锦绣

在过去的30年里，苗绣的传承令人堪忧：大多数妇女掌握着传统的苗绣技艺，而代际传承的比例从100%下降到了30%；15~25岁的年轻女性中，愿意学习苗绣的不到总人数的10%。伴随着苗绣的几近失传，在传统的苗家村寨，妇女日渐低下的经济和社会地位同样束缚着女性的发展。纵然不断有人在尝试推销苗绣产品，但民族手工难以产业化的困境仍制约苗绣的生产规模。

在这个发展困境之中，晟世锦绣成为开拓者。为了将散布在村寨中的手工生产资源组织起来，晟世锦绣建立起锦绣体系，从负责绣娘培训、技术研发和原料生产的培训基地，到负责人力资源、基层调研和生产组织与管理的锦绣社，村民居家就业的锦绣坊，再到标准化、流程化生产的锦绣包……款型独特和图案设计新颖的样片经过村寨手工生产、基地手工修正和代工厂组装、包装这样一条看不见的生产线变成了独一无二的产品，为苗绣产业化奠定了坚实的基础。在后期对产品的加工方面，晟世锦绣采取精细化加工的方法，尝试解决原有产品品质参差不齐的问题。在产品推广的过程中，晟世锦绣构建起国际化设计研发体系，将传统手工艺转化为市场所需要的商品，同步推进新模式化的营销方式，推出以机器生产为主的中档品牌苗疆锦绣（单品定价为200～500元）和以手工、个性化定制为主的高档品牌AME（单品定价为1000～3000元），扩大目标人群；同时尝试城市店、景区店双渠道的实体连锁，并与电商结合，优化销售渠道，解决传统产品的市场瓶颈。

晟世锦绣的双品牌运作，全面覆盖文化消费市场，多重消费渠道的销售战略，使单店年销售额在5年之内翻了4倍。5年时间内，晟世锦绣培养出近4000个绣娘。绣娘的收入以订单为基础，平均2000～3000元的月收入保障了绣娘们的经济基础，让她们在社区和家庭中得到更多的关注和尊重。发展苗绣的同时，苗族的少数民族传统文化和生活方式得以妥善的保存和继承，当地旅游业和农产品业也在苗绣的带动下蓬勃发展起来。晟世锦绣的成功也赢得了当地政府的关注，2015年贵州省政府将妇女民族手工产业发展的“锦绣计划”列入省政府十大工作予以全力推动。

【专栏6-8】　喜憨儿洗车中心

中国心智障碍者约有1200万人，他们的就业率不到10%。对于心智障碍者而言，在业界找到能干、适合干的工作岗位几乎是不可能的事。

成立于2015年的喜憨儿洗车中心，是一家由10位心智障碍孩子的家长联合成立的，致力于为心智障碍人士提供就业的社会企业。这是一支由16名心智障碍者组成的特殊的洗车团队。他们当中包括自闭症、唐氏综合征等导致肢体协调、交流等方面障碍的患者。这些学员需要在这里根据自身能力接受一系列如冲水、打泡沫等洗车环节的训练。在学习一段时间后，多数学员都能熟练地三五组队，独立为顾客提供洗车服务。

目前，洗车中心采用企业化管理模式，有3位洗车师傅专门负责日常洗车工作的辅助、培训和指导，另外有2名特教老师提供康复类、文化类的训练和学习，全职管理人员并负责日常的运营。由于学员们的自学能力受到限制，汽车中心通过把洗车过程分成模块，对学员不断进行巩固技能培训，并且开发了自己的测评模块，评估不同学员的能力，然后分配到相应的工作岗位。

领头的家长曹军，是一个13岁心智障碍孩子的父亲，因而更能切身理解孩子们的社会处境和需求。洗车中心一开始成立的目的是“自助”自家的孩子，后逐渐发展成为一种模式和价值观的建造和传播。洗车中心还有一个更大的目标，就是逐渐通过不同服务内容的建立，为学员们打造一个适合他们技能生存的梦想庄园。在洗车中心的基础上，这里还延伸成立了园艺中心和蔬菜中心，聘请园艺老师来指导学员们养花种菜，这不仅对学员有平稳情绪、锻炼动手能力等康复治疗作用，还能让车主在等洗车的时候顺手买些学员栽培的园艺和蔬菜，为学员建立另一条自力更生的渠道。

通过提供不同的项目和类别，让各种程度的心智障碍学员，包括因为重度自闭症而暂时无法与外界接触的学员，在这里循序渐进地找到适合担任的工作，获得自力更生的能力和渠道，同时收获外界的肯定和尊重。

在与学员家长和辅导人员的交流中，学员们普遍反映出两个明显变化。一是非常喜爱自己的工作。虽然每天乘公交车上下班并不轻松，但大家很愿意回到企业与同伴一起工作。有的家长甚至指出，自己的孩子上班后比之前上学时要开心得多。二是学员们普遍展现出更强的社会性，更愿意跟人交往，在洗车过程中逐渐表现出更强的团队合作精神。

据创始人曹军介绍，目前喜憨儿洗车中心的定价在行业中处于中等偏下水平，其中 5 座车每次 35 元，7 座车每次 40 元，平均每天洗车 40 ~ 60 辆。学员的平均月工资 2130 元，洗车中心为他们购买社保，签订正式劳动合同。洗车中心年收入为 70 万 ~ 80 万元，基本保持了盈亏平衡。

当前洗车中心面临的最大挑战，是如何有效复制模式和扩大影响力。洗车中心一开始就通过标准化、模块化和流程化管理，将洗车这一对学员来说略为复杂的过程分解成为5~8个可被简单理解操作的环节，并且通过师傅带着以小组重复练习的方式，让即使是重度心智障碍者也可以分配到"量身定做"的劳动，和同伴一起参与到洗车中来。然而，模式推广的资金和社会人士的认识改变，却非凭一己之力短期内可以实现。

资料来源：Echo Wang，"喜憨儿洗车中心：从洗车开始的梦想庄园"，《公益时报》2016年7月26日；根据喜憨儿洗车中心创始人曹军提供的资料编写。

6.2.2　兼顾社会目标、履行社会责任的企业

随着企业社会责任意识的普及，越来越多的中国企业积极承担社会责任，加强员工权益保护、推进节能减排，参与公益捐赠和对口扶贫活动，并积极发表企业社会责任报告，按照国际社会责任规范开展生产经营活动。中国的公益捐赠中，企业长期占据主体地位，约占社会捐赠总量的70%。近年来，越来越多的企业开始以更主动和创新的方式履行社会责任，积极创造社会价值，成为社会价值生态系统中不可忽视的力量。

【专栏6-9】　蚂蚁金服的普惠金融实践

蚂蚁金服从电子商务担保交易起步，通过支付服务向信贷、理财、保险和征信服务延伸，不断丰富金融服务内涵。依托互联网、云计算和大数据技术，累计为数百万小微企业、

上千万个体创业者及数亿个人提供了全面的普惠金融服务，通过多年实践探索出了一种全新的数字普惠金融模式。

蚂蚁金服自2010年开展小贷业务，使用大数据风控技术，将单笔信贷成本降低到不足3元，实现了随贷随还的全自动流程，已累计为400多万家小微企业提供了超过7000亿元贷款，是格莱珉银行39年累计放款的4倍多。“蚂蚁小贷”的户均贷款约3.8万元，是真正的小微贷款。其财务不良率控制在2%～4%，既降低了贷款成本又有效控制了风险。2016年，蚂蚁金服与从事小额信贷的社会企业中和农信合作，两家机构携手把普惠金融服务扩展至中国农村尤其是贫困地区，3年内将“互联网+精准扶贫”的模式推广到全国300多个国家级和省级贫困县。

社区公共服务机构以社区、家庭和居民为服务对象，以贫困居民、老年人、残疾人、失业人员和农村富余劳动力为服务重点，提供的服务包括就业与社会保障、社会救助、计生服务、住房保障、治安服务等。截至2018年底，全国共有各类社区服务机构和设施42.7万个，社区志愿服务组织（团体）12.9万个[①]。其中，部分社区服务可以是经营性的，可以单独或者与其他社会价值机构合作，因此可以成为社会价值投资的对象。

---

① 民政部：《2018年民政事业统计公报》，2019年8月。http：//images3.mca.gov.cn/www2017/file/201908/1565920301578.pdf。

6.3　社会价值购买者

社会价值的购买者既包括相关产品和服务的直接受益人，也包括为这些产品和服务埋单的第三方支付者，如政府和各类公益组织。随着政府服务外包规模与范围的扩大，我们更关注的是政府部门的角色。严格来说，政府在社会价值投资中的角色不能也不应仅限于需求侧。事实上，政府或由政府发起的组织可以在供给侧发挥很大作用，如为社会价值投资者和创造者提供税收的优惠、补贴等；政府部门还可以在相关的制度供给和监督管理中发挥重要作用。

但是，对于社会价值投资者和生产者来说，从世界范围来看，政府以需求方的身份对相关服务进行购买，通常是最为关键的支持。2013 年 9 月 26 日，国务院办公厅印发《关于政府向社会力量购买服务的指导意见》（以下简称《指导意见》）。《指导意见》强调要充分认识政府向社会力量购买服务的重要性，正确把握政府向社会力量购买服务的总体方向，要求规范有序地开展政府向社会力量购买服务工作。政府购买社会服务的对象包括依法在民政部门登记成立或经国务院批准免予登记的社会组织，以及依法在工商管理或行业主管部门登记成立的企业、机构等社会力量。《指导意见》提出，到 2020 年，在全国基本建立比较完善的政府向社会力量购买服务的制度，形成与经济社会发展相适应、高效合理的公共服务资源配置体系和供给体系，公共服务水平和质量显著提高。

政府部门向第三方开展社会服务采购在一些地方已经开始探索试水。广东省较早开展了政府部门购买社会服务的探索。截至2014年6月，广东省在政府购买专业社会工作服务方面投入资金近20亿元，每年的资金投入都在提高。2010年以来，北京市级社会建设专项资金已经连续5年累计购买2252个社会组织服务项目，总计投入3.5亿元。2014年，北京市妇女联合会作为“枢纽型”社会组织，以“益家行动·携手筑梦”行动申请了北京市社会建设专项资金，其中“女童保护”公益项目所产生的费用均由政府埋单。2012年，上海市民政局和上海公益发展事业基金会共同发起公益创投，筹资500万元用于资助和扶持以“扶老、助残、救孤、济困”为宗旨的公益服务项目和公益服务组织。上海市自2014年开始编制“上海市承接政府购买服务社会组织推荐目录”，加强与财政部门及政府采购平台的联动，落实向推荐的社会组织优先购买。上海市在政府购买社会服务供需对接平台上已发布近1500个项目，预算总金额超过3亿元。目前，在山东、江苏、浙江、四川等多个地区也已经开展了相关的探索。

6.4 短板与挑战

从生态系统的角度看，自从社会企业和社会价值投资的概念被引入中国以来，社会价值投资的生态链不断延长，参与主体的类型不断丰富，各类主体的数量也快速增长，显示出蓬勃的生命力和良好的发展势头。但是，与国际上其他社会价值投资活跃和相对成熟的国家相比，中国社会价值投资还存在一些显见的发展短板和挑战，需要在未来积极予以应对，释放社会价值投资在中国经济社会发展中的巨大潜能。

目前我国社会价值投资发展的短板主要包括以下六个方面。

第一，理念普及容易，概念界定困难。兼顾商业回报和社会价值简洁易懂，但是对于社会价值的范围、投资主体和价值创造主体的身份界定等方面，还缺乏行业的共识和标准，这有可能会导致一些企业和机构将社会价值作为一种企业形象传播手段而自我主张，但实际上背离了社会价值投资的要旨，最终导致出现“劣币驱逐良币”现象。

第二，从整个价值投资链条看，存在不同主体发展不平衡的现象。社会企业等价值创造主体发展态势相对更加良好，但严格意义上的社会价值投资者不论在数量上还是在投资规模等方面，都比较有限。

第三，缺乏商业和政策领域的主流、重量级主体参与，总体来说层次低、项目零星分散，只在社会组织和中小型企业或项目中得到较多关注，离纳入主流政策和投资框架还有较大的距离。

第四，较多聚焦具体的项目，缺乏整体上的发展战略框架，未能充分整合传统的类社会价值投资部门的资源。

第五，社会价值投资可选择的工具和手段还严重不足，不能满足多样化、多层次社会价值投资的需求。

第六，严格意义上的社会价值投资，特别是资产类别意义上的社会价值投资还比较少，在回报要求上不清晰，在社会价值的可预期和可测量上也存在严重不足。

这些短板形成的原因很多，不仅有社会价值投资领域从业者思想观念上的路径依赖、经验积累有限、能力基础薄弱的内部原因，更有历史、制度、市场等外部因素的制约。从历史上看，由于经历了计划经济体制，我国的社会部门实际上被长期行政化了，改革开放后社会部门虽有了发展，也是处于“跛行”状态，存在先天不足，制约了各类社会组织参与社会价值投资的能力。从现实制度上来看，与社会价值投资相关的法律、法规、标准尚不明确，社会价值投资与诸多类社会价值主体、国有企业、事业单位缺乏顶层的衔接，也限制了社会价值投资在今天的经济社会发展以及改革过程中发挥更大的作用。从市场看，中国金融市场整体还比较落后，金融市场的层次、金融产品的种类、投融资形式、定价机制、监管能力和水平都离发达市场还有较大的距离，这客观上也限制了社会价值投资可选择的工具和手段。

第 7 章

社会价值投资的历史回响

7.1 引言

社会价值投资是一个新兴概念，中国公益界、学界和政策决策者接触这一概念，并付诸积极的实践，还是近几年的事。作为一个舶来的概念，社会价值投资从理论到实践都是西式的，是从外部“植入”中国社会的，这未免让人担忧这样一种投资模式在中国是否会“水土不服”。然而，仔细检视中国文化中的价值传统，以及古代中国社会义利兼顾的实践，可以发现它们和今天的社会价值投资构成一种历史回响。

7.2 中华文化中的义利兼顾思想

在中国传统文化中，“义”和“利”是一对重要的概念。“义”是“事之所宜也”，是一种社会正义和伦理道德准则，包含了公正、利他等道德要求，强调为社会创造价值。“利”

是“人之用者”，指的是利益和功利，特别是物质利益和个人的利益。如何看待义和利的关系，是一个贯穿中国两千多年思想史的基本命题，也是理解中国文化的基本线索。从春秋战国时期义利之辨兴起，到汉代确立儒家作为主流思想意识形态，再到宋明儒释道交相辉映和融合，最终形成了古代中国社会“义利兼顾，以义为先”的基本价值取向。

春秋战国时期是中国思想史上的轴心时代，当时多个思想流派对义利关系做了许多深刻的阐述。齐国的思想家和政治家管仲认为，义利合一，不过要先利后义，义生于利，要先有基本的物质生活保证，然后才能讲究礼义道德。儒家学派的开创者孔子将义利并列乃至对立讨论，使之成为延续两千多年的基本命题。孔子认为，“君子喻于义，小人喻于利”，这在一定程度上将两者对立起来。他强调，君子要以义为上，见利思义，如果任凭个人利益指导行动，会招来很多怨恨，所以君子不能谋求个人私利，而是要将利给予百姓。君子要礼法，用来推行道义，道义用来产生利益，利益用来安定人民。墨学是由战国时期重要的思想家墨子所创立的学派，在当时是足以和儒学并列的显学。墨子对义利的理解显著有别于儒家，他既“贵义”，又“尚利”，主张义利并举。墨子认为，“义，利也”（《墨子·经说上》），强调义利一体。他以利人、利民为“义”，认为义与利是合一的，“义”是“天下之良宝”。

儒家作为中国历史上影响力最大的思想流派，实际上是承认人对利益的合理追求的。孔子认为，“富与贵，是人之所欲也”（《论语 · 里仁》）。实际上，孔子本人就十分看重利益在引导人们追求道义过程中的作用。当时鲁国有规定，鲁国人在外国旅行时碰到本国人被卖为奴隶的，可以花钱将他赎出来，回国后可以找政府报销。孔子有一个学生在国外旅行时花钱赎出了一个奴隶，但是没到国库去报销，被别人认为品格高尚。孔子知道后批评这个学生，认为这个做法实际上妨碍了更多的奴隶被赎出来。孔子有一个学生救起了一个落水的人，被救者的家属给他一头牛表示感谢，他就收了。孔子表扬了这个学生，说这个学生做得对，这样做会使更多的落水人被救。救人之后可以收取回报，以后再有人落水，就会有人愿意去救。从这两个事例看，孔子强调道义和道德优先，但对正当的利益是采取现实主义态度，并乐于通过利益引导人们采取符合道义的行动。

儒家学派内部对义利的侧重也有一些分歧。孟子是孔子之后儒家最重要的思想家之一，具有民本主义思想，被称为“亚圣”。与孔子相比，孟子的义利观具有理想主义的色彩，更强调了义和利的对立，以及以义为先的价值取向。另一位重要的儒家学者荀子反对此前儒家思想中“不言利”的倾向，“虽尧舜不能去民之欲利”（《荀子 · 大略》），认为“义与利者，人之所两有也”，肯定了物质之“利”在社会生活中的重要性，认为“利足以生民”“下贫则上贫，下富则上富”。荀子认为，由于人性本恶，人人怀有无止境的欲利之心，然而社会财富是有限的，因此要“以义制利，义利统一”，强调要通过礼治和法治并重来规范人的逐利行为。

中国在进入汉代（前 202—公元 220）后，逐渐将儒家学说确立为国家主流意识形态[①]。前 134 年，儒家学者董仲舒向汉武帝提出了“罢黜百家，独尊儒术”的建议并被采纳，使儒家思想成为国家意识形态，深刻地影响了此后两千多年的中国政治、社会与文化形态。董仲舒认为，“天之生人也，使人生义与利。利以养其体，义以养其心。心不得义不能乐，体不得利不能安”，但是他也强调“夫仁人者，正其谊（义）不谋其利，明其道不计其功”。后一观点在历史上颇被误解，但是他这句话主要是对统治阶级所说的，而不是对正当利益诉求的否定。

在宋代（960—1279），儒家思想经历了一个发展高峰，形成了几个有代表性的流派，义利之辨则成为当时的核心论题之一。儒家的理学派代表人物程颢认为，“天下之事，唯义利而已”，强调义和利对立的一面，以及义的优先性。程颢说：“大凡出义则入利，出利则入义。”理学的代表人物朱熹认为，“义者，天理之所宜”，他主张“存天理，灭人欲”。以陆九渊为代表的儒家心学派，则主张从“辨志”入手看待义利关系，强调义的优先性。以陈亮、叶适为代表的永嘉学派，则强调义

---

① 经历了春秋战国时期长期与其他学派的争论，汉代的儒家思想已经融合了法家、道家等许多其他学派的元素。

利兼顾，反对将义利割裂开来看待，认为道义和功利并不矛盾。利是义的基础，是义得以实现的物质内容，求利符合人性和治国之道。陈亮认为，义不能脱离利而单独存在，否则对义的解读只会陷入虚无缥缈的教条中，“为士者耻言文章行义，而曰‘尽心知性’，居官者耻言政事书判，而曰‘学道爱人’。相蒙以欺，以尽废天下之实，则亦终于百事不理而已”（《送吴允成运干序》）。叶适认为，君子不仅不应该讳言利，而更应该主动言利，因为义和“理财”并不矛盾，和义相冲突的是“聚财”，“故君子避理财之名，而小人执理财之权。夫君子不知其义而徒有仁义之意，以为理之者必取之也，是故避之而弗为”（《水心别集》卷二）。“以天下之财与天下共理之者，大禹、周公是也”（《水心别集》卷二），所以君子应该像大禹和周公那样承担起理天下之财的责任以利益苍生，这种合宜之利不但不是君子应该“避”的，反而正是君子应该去积极争取的。叶适说：“古人以利与人，而不自居其功，故道义光明。既无功利，则道义乃无用之虚语耳。”

明清以后，特别是明朝中叶以后，中国社会发生了巨大的变革，思想界中的义利观更加具有功利主义和个人主义的色彩。明朝的大思想家李贽主张，义由利所生，认为“穿衣吃饭，即是人伦物理”，正义就是对人有利，“无私之说”是“画饼之谈”。明末清初的颜元、戴震倡导功利之学，颜元直接修改了董仲舒的名言，主张“正其谊以谋其利，明其道以计其功”。到了清代中晚期，国家走向衰落，国门被迫打开，重商主义思想和功利主义思想成为一时之兴。

综上所述，在以儒家为主体的中国传统文化思想中，承认对个人利益和物质利益追求的合理性，同时也强调要用道德引导对利益的追求，强调为他人和社会创造价值；在注意“义”和“利”有冲突一面的同时，注意其相互促进的一面。这些思想和观念，和今天社会价值投资的思想主旨具有内在的一致性。

7.3 我国古代义利兼顾的实践：前现代的中国社会投资

“义利兼顾、以义为先”在古代中国并没有停留在观念层面，事实上也成为政府和社会的一种实践。在中国古代，很早就出现了类似于今天国有企业的经营实体，一方面从事商业化的经营，另一方面又承担扶危济困的社会功能，创造社会价值；在民间社会，也有大量依托行业或宗族经营性的公益业务。这些官方或民间的经营性公益实体，尽管从治理结构、生产方式等方面与今天的社会企业不同，但仍可以视之为农耕时代的前现代（pre-modern）社会投资。

7.3.1 政府投资的经营性公益

中国早在周朝（前1046—前256）就设立了泉府。泉府是官办的经营机构，当老百姓的货物积压无法出售时，泉府代表国家进行收购，以体恤百姓；当老百姓缺乏祭祀、丧事等方面物资时，泉府提供借贷，但也要求借贷的一方在指定的期限内归还，并按照国家规定的税率缴纳利息。南宋的叶适对泉府之法给予了高度评价，认为这是“以天下之财与天下共理之者”，值得倡导和鼓励。

常平制度是中国历代被广为使用的一种制度，在不同的朝代称呼也不一样，具体操作、功能和服务对象也有所差别。常平制度源于战国时李悝在魏国所行的平籴，政府在丰年购进粮食储存，以免谷贱伤农，在灾年歉收时卖出所储粮食以稳定粮价，以免小农和流民受到大户的盘剥。汉武帝时期，桑弘羊创立平准法，依仗政府掌握的大量钱帛物资，在京师贱收贵卖以平抑物价。此后，平准法进一步演化为仓储制度。汉代政府在全国不同的地区设立了常平仓，集中进行粮食收储，不仅有助于平抑粮价波动，而且也大幅度地减少了政府异地粮食运输的巨大成本。除了粮食收储之外，常平仓也向农民发放无息贷款。常平仓在不同的历史时期并非都运行良好，在一些朝代，有些地区政府有时也会以常平之名剥削农民，与民争利。因此在此后的朝代中，常平仓制度也是屡废屡置。尽管如此，其政治、经济和社会功能在历代还是得到重视，隋朝、唐朝、宋朝、元朝、明朝和清朝等，都设立了常平仓制度。

宋朝的政治家王安石曾借鉴周朝的泉府制度和唐朝中后期的相关实践，推行“青苗法”。青苗法也称常平新法，属于常平制度的一种。青苗法利用国家控制的常平仓、广惠仓的部分钱谷，在青黄不接时发放农业借贷，按夏秋两季发放，在百姓归还贷款时收取二分之息，使百姓免遭高利贷的盘剥。从政策设计初衷看，这一制度既有助于减轻农民的利息负担，确保农业生产的平稳进行，同时又有助于增加国家的收入。但是在实际操作中，青苗法变质为官府辗转放高利贷、收取利息的苛政，运行十余年后就被废除了。

【专栏7-1】 王安石的青苗法

北宋王安石仿效“泉府之法”推行青苗法，以图富国强民。他利用国家控制的常平仓、广惠仓的部分钱谷，在青黄不接时发放农业借贷，旨在“散惠兴利，以为耕敛补助，裒多益寡，而抑民豪夺之意”，按夏秋两季发放，在百姓归还贷款时收取二分之息，使百姓远离民间高利贷剥削之苦。

青苗法代替常平法主要体现在两个方面，一是以货币借贷代替了物物借贷，二是以政府信贷取代了豪强兼并之家的高利贷。王安石认为这是“为其来日之不可继也。不可继，则是惠而不知为政，非惠而不费之道也，故必贷”，并且收取的利息将主要用在与管理青苗钱粮有关的事务上。南宋杨仲良评论说：“若此行之，非惟足以待凶荒之患，又民既受贷，则于田作之时，不患缺食；因可选官劝诱，令兴水土之利，则四方田事加修。盖人之困乏，常在于新陈不接之际。兼并之家乘其急以邀倍息，而贷者常苦于不得。常平广惠之物，收藏积滞，必待年贱物贵，然后出粜，而所及者大抵城市游手之人而已。通一路之有无，贵发贱敛，以广蓄积，平物价，使农人有以赴时趋事，而兼并不得乘其急。凡此，皆以为民，而公家无所利其入。是以先王散惠兴利，以为耕敛补助，裒多益寡，而抑民豪夺之意也”（《续资治通鉴长编纪事本末》卷六十六）。

然而，青苗法在实际执行中，却事与愿违。北宋政治家韩琦指出，青苗法取二分之息的做法最终变成了官放息钱。实际上许多地区收取的利率都在三分以上，有的甚至高达六分，折算钱粮时也出现“官与民争利”的现象，即百姓在青黄不接时借款，按当时高的粮价折钱，归还时却要按丰收时的低粮价折钱，所以虽然他们归还的钱数没有变化，但要缴纳的粮食数量却比借时增加许多。于是，青苗法不仅违背了救济百姓的初衷，反而成了剥削百姓的“利剑”。

7.3.2　民间的经营性公益

在中国古代，除了国营的常平仓之外，在民间也成立了互助性质的义仓或仓社。

乾道四年（1168）春夏之交，闽北建阳、崇安、浦城一带因灾情十分严重，年成荒馑，饥民骚动，崇安知县诸葛廷瑞邀请思想家朱熹以及本地乡贤商讨救灾之策。朱熹将家中储存的粮食以平价赈济灾民，同时上书建宁知府徐嘉，请求发放常平粮仓（官仓）的存粮以应救灾急需，灾情得以缓解。后来，朱熹又先后上书给继任建宁知府的王淮、沈度，请予五夫建仓[①]，得到了政府的支持，其所建社仓史称“五夫社仓”。后来当地人为了纪念朱熹的善举，将“五夫社仓”改名为“朱子社仓”。朱熹举荐较有德望之人共同管理社仓，并专门制定了《仓规》，也曾以“度量无私本是公，寸心贪得意何穷。若教老子庄周见，剖斗除衡付一空”（《康熙崇安县志》）来劝诫社仓的管理人员。这一善举，不仅减轻了国家财政的负担，而且改变了受灾民众单纯依靠国家拨谷救济的思想，有效地培养了农民的自我保障意识。它还找到了一种以民间力量为主，兴办一种互助性质的备荒仓储的办法。

义庄是一种基于社区和宗族的经营性公益实体。宋代出现的义庄就是典型的例子。一些家族的乡绅出钱购置田产用于出租，收取租金，用于救济族中病弱和穷困的成员，以及家族贫寒子弟的教育等。义庄的收支被谨慎地管理，具有可持续性。由宋代名臣范仲淹（989—1052）建立的范氏义庄运行了800多年。由无锡钱氏所创的怀海义庄运行了500多年，是至今尚存的民间传统慈善机构之一。自范仲淹在苏州建立义庄之后，江苏金坛张氏、新淦郭氏、莆田陈氏都相继设立义庄。到了明代，义庄进一步普及，安徽、广东、广西、陕西、直隶都有设立义庄的记载。至清代，义庄数量急剧增多，特别是在江南地

① 朱熹在写给王淮的信中说道：“天有不测之风云，今灾解，不可不料后复有前之事。粟偿之后，山民无益存之积，青黄不接之时，又要加倍息借贷于豪富。况官粟存仓，为法甚密，远水解不得近火，请予五夫建仓留赈，每年一赈一偿，又能易新以藏，实为一举二得之举。”（《朱文公文集》）

区，义庄成为重要的乡村经济组织形式。

【专栏7-2】 范氏义庄

范氏义庄由北宋著名的政治家、文学家范仲淹于1049年所创建。义庄不仅是巩固家族财富的手段，而且为解决更广泛的社会问题提供了一种解决方案，符合儒家“齐家、治国、平天下”的理想，因而得到古代政府的肯定。

范氏义庄以大量田地为财产基础建立，田地由范氏子孙有能力者捐助，所有权移交给义庄。义庄还有管理条例和专门的管理人，独立运作，具备了财团法人的基本特征。从设立目的看，义庄的受益者是范氏族人。800多年来，只要是居住在本乡的范氏族人都可以从义庄受益。范氏义庄为族人提供的利益包括七点。

（1）领口粮：凡是族人，每天可以领1升白米的口粮，口粮是一月一领，即每次领3斗。米要保证是白米，如果是糙米，加领二成。每一房还可以领一个奴婢的口粮。仆人若有儿女，但其在范家服役满15年，且年龄已到50岁的，也按口领米。范家子弟有外出做官的，不能领口粮，但如丁忧、候选在家，或者在边疆做官而将家属留在乡里的，照常支领口粮。

（2）领衣料：每年冬天，一人领绢1匹，5~10岁的儿童领半匹。

（3）领婚姻费：凡嫁女的领钱30贯，这个女子若第二次出嫁，再领20贯。凡娶媳妇的领钱20贯，若第二次娶亲就不能再领了。

（4）领丧葬费：族人死了，按其辈分领取安葬费，尊长丧25贯；次长丧15贯；19岁以下卑幼丧7贯，15岁以下3贯，11岁以下2贯，7岁以下及奴婢均不能领取。

（5）领科举费：族人取得大比资格的，可领路费10贯。第二次大比，再领5贯。若无故不赴试，已领之钱交还义庄。后因物价上涨，增加给钱数目，以使"子弟知读书"之美。另外，义庄设有义学，请本族有功名的人教育本族子弟，并给教授者束修。

（6）借住义庄房屋：义庄设有义宅，供族人借居，若房舍需要修理则自行设法，如果本人确实贫乏无力修缮，从义庄领钱修葺。本人有余力，在义宅地内建造房屋，听其自便。

（7）借贷：族人一时急用，可向义庄告贷，但不得经常借，且要到时偿还。若不能归还，也不扣他的月米，以保证他的基本生活。

按照这些规定，范氏义庄中人们的生活基本需要都可以从义庄中获得供给。凡是范家的族人，不论贫富，只要住在本乡，就有权利向义庄领取上述物资。在这点上，范氏义庄不同于后世的很多其他义庄，其服务对象是全体族人，而不特别聚焦于最贫困弱势群体。但是，范氏义庄所提供的各类福利对贫困弱势人群而言尤为迫切和重要。

资料来源：百度百科。

在古代中国，另一种具有典型社会投资色彩的实体为资金互助会（Rotating Savings and Credit Association，ROSCA）。互助会起源于唐宋时期，也有考证认为起源于晋朝，具有将经济可持续和社会公益相结合的特点。迄今互助会在中国东南沿海的很多地区还普遍存在。它通过在特定的群体中吸收储蓄，将资金以一定的方式按低于市场的利率贷给互助会的成员，从而减少了高利贷对弱势借款人的盘剥，降低了获得信贷的成本。互助会并非常设组织，具有临时性。通常由有资金需求者央求亲友或同事中有声望者担任“会首”，发起互助会，会员数量少则十余人，多则可达数百人。在规定的时间内（如 3 年或 5 年），所有会员定期（每 5 天、60 天或 180 天）缴纳约定的金额，集中起来交给某一会员使用，资金的用途可以指定，也可以自由支配，通常用于购买地产、大额生产或消费用品。每个会员（包括“会首”）在互助会存续期间可以得到一次资金（即“得会”）。

根据会员得到资金的方式不同，互助会可以分为三大基本类别：一是轮会的得会次序事先约定，顺序固定，通常急需资金者排在前面；二是摇会的得会次序通过抽签等随机方式确定，需要会员固定时间聚会确定得会的人选，因此摇会通常用于资金需求不迫切的情形；三是标会的得会次序每次在会员聚会时投标决定，支付利息高者得会。通常，“会首”是第一个得会的，其他会员则通过事前协商、抽签或投标决定。即使次序决定了，遇到另有会员急需资金的情况，可以和得会的会员协商调整次序。通常来说，互助会的利息率（显性或隐性）在2分以下（年利率24%），要低于高利贷的成本。在轮会和摇会的情况下，互助会很少发生违约行为，因为会员都是居住在同一社区的熟人、亲戚或同事等，违约会导致很高的社会制裁成本。在标会中，如果互助会涉及的金额较大，很容易诱发违约行为，一些会员会通过承诺高利息优先取得资金，然后不再履行后续的缴款义务。互助会并非中国大陆特有的民间互助金融形态，在南亚、非洲以及日本和我国台湾地区等都广泛存在，日本和我国台湾地区的互助会后来被改造成专门面向中小企业和个人的正规金融机构[①]。

宗教机构（寺庙）在中国古代的经营性慈善中也占有一席之地。其中，运作最成功、影响最广的佛教慈善机构，是唐代的“悲田养病坊”。在唐朝，许多地方都设有悲田养病坊。悲田养病坊最初依靠信众的奉献和寺院自有田产的收入获得经济来源，后来由于其良好的社会救助功能，得到了官方的肯定与重视，政府机构和皇帝本人都投入资金或田产，确保悲田养病坊有可持续的经济基础，这也可以看作早期的公益公私合作伙伴关系（PPP）。

① 刘民权、徐忠、俞建拖：“ROSCA研究综述”，《金融研究》2013年第2期。

7.4 对当代社会价值投资的启示

梳理中国两千多年思想史关于义利的争论和思考，可以看到“义利兼顾，以义为先”这样一种思想传统和价值取向的形成过程。这种价值取向正视和肯定个人的正当私利，重视公共利益，追求私人利益和公共利益的共赢。应该说，这和社会价值投资的理念有深刻的共鸣，并有可能在今天的社会经济背景下，相互影响、交融和发展，在中国的社会发展中发挥更大作用。

从中国经营性公益的实践来看，在大一统国家，政府在经营性公益中扮演了积极的角色，除了纯粹的官方机构，也出现了早期形态的公益 PPP。中国文化和社会传统中的家庭主义特征，也使得地区性、社区性以及家族性的公益机构得以发展起来。此外，宗教机构也在经营性公益活动中发挥了积极的作用。尽管中国古代的经营性公益实体及其活动是“前现代”的，但是这些活动本身和今天的社会价值投资是高度契合的。即使是今天，政府以及家族/社区仍是中国政治和社会的重要特征，这也提醒我们，在中国的社会价值投资实践中，政府、社区、家族仍然可以并且应该发挥积极的作用。

第 8 章

中国社会价值投资的评估与认证

8.1　引言

社会价值评估是社会价值投资的关键与核心。它既是评价总结社会价值投资行为的理论依据，也是指导规范社会价值投资行为的操作性指南。

社会价值评估不仅对于某一项目或某一主体的社会价值投资具有指导性意义和价值，而且还可以搭建起政府、企业和社会多元主体在社会投资领域沟通对话和交流的平台，起到资源整合的作用。有效的社会价值评估将能够从理性的角度，动员更多的资源，包括政策、资本、企业家等，进入社会价值投资领域，并在更高的层次上体现出参与者的担当、责任感和透明度。社会价值的评估，不仅是针对投资者，而且对投资对象同样具有指导意义，能够帮助投资对象更好地提升组织绩效、持续成长，不断地瞄准、更好地达成投资者与投资对象共同的社会目标。

社会价值评估虽然只是刚刚起步，尚不完善，但它为社会价值投资的管理和问责、规范化制度的建立提供了一个具有参考性的制度框架；同时，它也可以为社会价值投资新项目立项和投后管理提供战略管理指南。

8.2　社会价值与社会价值投资及评估的基本概念

没有度量就没有管理。社会价值投资市场的有效运行，需要对投资主体的身份认证、投资行为准则，以及投资结果进行评估。此外，许多带有社会价值的产品和服务在过去没有参与市场化交易，初始市场的建立需要引入初始的价格基准，提供基础的市场信号。这些认证、规范、评估体系、基准价格是社会价值投资市场最重要的基础设施，为政府、企业和投资者的决策提供依据。

社会价值及社会价值投资目前在国际上仍然是个新概念，加之社会价值评估是一个复杂的系统工程，因此在国际上尚无全面系统、可以完全参照的对比体系。相对于财务指标的标准化和单一化，测评社会价值和环境价值的指标体系要复杂很多。社会价值和环境价值测评的对象是跨行业和跨社会议题的，因此社会价值评估的指标体系具有多样性和专业性的特点，包括设定目标、开发框架与选择指标、收集和存储数据、验证数据、分析数据、报告数据和进行数据导向的投资管理决策这七个关键环节（见图 8.1）。

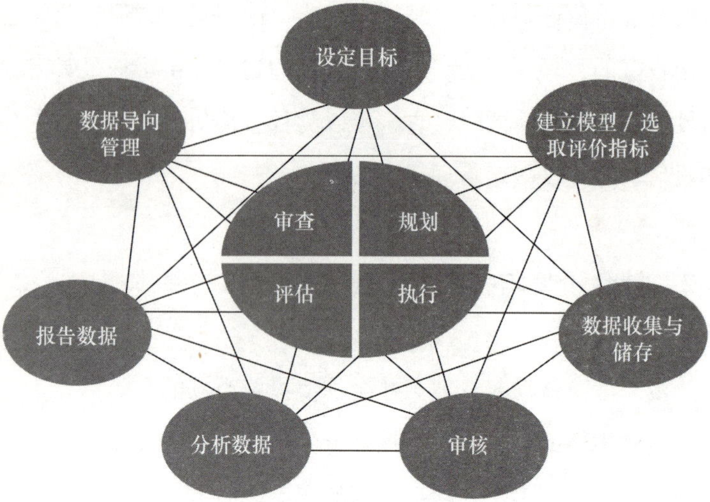

图 8.1　社会价值评估的关键环节

资料来源：《八国影响力投资报告》之“专题报告三：影响力测量”，2014 年。

8.3　社会价值投资分析和评估的国际实践

自 2007 年起，在洛克菲勒基金会等机构的直接倡导和推动下，已经初步形成了社会价值投资的网络生态，其中既有全球影响力的网络平台、标准制定者和评估者、评估指标提供者和资金提供者，也有被投项目池。而在 B Lab、GIIN 等机构的共同努力下，形成了包含 IRIS 指标库、B Impact Assessment 工具/框架、B Corp 认证、投资机构社会价值评估在内的评估生态（见图 8.2）。下面仅对目前国际上使用比较多的几个评估方法做基本的介绍。

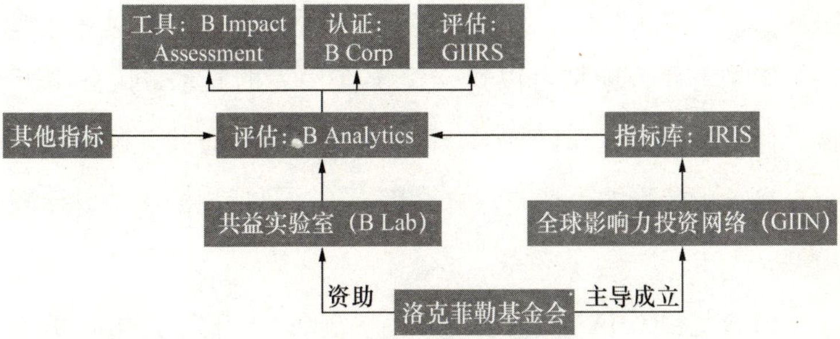

图 8.2　国际主要社会价值评估生态

8.3.1　社会价值报告与投资标准

社会价值报告与投资标准（Impact Reporting and Investment Standards，IRIS）是一套得到国际广泛认可的社会价值评测标准指标目录，由近 500 个评测社会影响力、环境影响力和财务状况的影响力指标组成。每个 IRIS 指标都由名称、定义、ID 号、使用指南等要素来清晰定义，并根据行业、受益对象、运营和财务等维度进行了分类，以方便用户检索。

IRIS 能够指导社会价值投资者量化和评测投资对象的社会影响力、环境影响力和财务绩效。它为社会价值评测和报告带来可信度，并且提高了影响力数据的可比性及报告效率。IRIS评测指标中包括定性和定量指标，定量指标能够帮助量化并评测投资对象的社会、环境和财务影响力的定量表现，定性指标能够帮助评估投资对象在一定条件下的定性表现。

在 IRIS 目录中有下列评测指标：财务表现指标、运营表现指标、产品表现指标、行业表现指标，以及社会和环境目标实践指标。由于地区、背景、行业、需求等的不同，没有任何一个影响力评测模型可以符合全部使用者的需求，因此 IRIS 被设计成为一个标准目录，允许使用者在其中查找并确定最符合自身需求的影响力评测指标，用来组成最适用的影响力评测模型。

IRIS 是由 GIIN 建立的。GIIN 于 2009 年开发了 IRIS 影响力评测指标目录，并把 IRIS 目录作为一个免费开放的产品供所有利益相关者使用，加强社会价值投资市场的透明度、权威度和可评估度。

IRIS 目录将各行业最有代表性的社会价值评测指标汇总整理成标准指标目录，建立一种标准易懂的社会价值指标体系来描述社会价值，使评测投资组合的社会价值变得相对简单易行，使比较不同投资的影响力成为可能，为用户提供了科学简易的解决方案。用户不需要再盲目猜测应该评测哪些影响力因素，而只需要查询 IRIS 目录，就可以轻松筛选出适用的评测指标。

现在，绝大多数社会价值投资者都意识到标准评测指标的重要性，已经有超过 5000 个机构使用 IRIS 指标来评估、沟通和管理他们投资组合的社会和环境表现。IRIS 目录中的每一个评测指标都是经过 GIIN 理事会和包括 IRIS 使用者在内的利益相关方的讨论和认可后，再通过公示和征集各方意见阶段后，方才收入 IRIS 目录。IRIS 目前已经更新为 IRIS +。

8.3.2　共益影响力测评与全球社会价值投资评级体系

1. 共益企业认证

共益企业（B Corp）认证是 2007 年由非营利机构共益实验室（B Lab）开发的第三方认证体系。共益实验室于 2006 年由杰伊 · 库恩 · 吉尔伯特、巴特 · 霍利汗和安德鲁 · 卡索伊创立，次年认证了第一家共益企业。共益企业认证旨在“重新定义商业领域的成功”，通过线上评测工具筛选出在社会和环境绩效、责任感、透明度均达到严格标准的企业[①]。该认证面向所有行业的各类企业，认证涉及的问题包含员工、社区、环境、治理和商业模式五个领域，意在全面地评估企业整体的社会价值（影响力）。截至 2017 年 1 月，全球已有 2358 个共益企业，其中不乏知名企业，如 Ben & Jerry's（食品）、Bridges Fund Management（影响力投资）、Patagonia（服装）、Kickstarter（众筹平台）等[②]。

共益企业认证依靠共益影响力测评（B Impact Assessment）。测评工具供企业免费在线使用。快速完成测评需要 90 分钟左右，满分为 200 分。企业正式认证成为共益企业，则需要测评分数达到 80 分及以上，满足法律要求[③]，并根据年营

---

① 瑞安 · 霍尼曼著，游海霞、王群译：《公益企业指南：如何打造共赢商业新生态》，中信出版集团 2017 年版。

② 共益企业网站（http：//www. bcorporation. net/）。

③ 共益实验室要求企业修改章程或在企业注册地允许的情况下将企业注册为共益性企业（Benefit Corporation）。

收额每年缴认证费。认证后每两年认证一次。除具有认证功能外，共益影响力测评也是一个综合性的管理工具。即使企业不进行正式认证，也可以使用它提供的可测量、可操作的项目来管理企业的环境和社会绩效。

共益企业认证的特点之一是交互性。共益实验室会根据使用反馈定期更新测评工具。自 2007 年第一家共益企业认证，共益影响力测评已经历四次更新。共益影响力测评第六版于 2018 年推出。测评工具由共益实验室的标准顾问委员会撰写和修改，经过内测和公测后正式发布。此外，共益实验室还通过与当地机构合作进行认证的本土化。2016 年 9 月，香港社会创业论坛、北京乐平公益基金会和南都公益基金会共同发起“共益企业中国联合行动”，在中国推广共益企业。此外，北京乐平公益基金会与南都公益基金会共同资助了《共益企业指南》一书的翻译出版。共益企业标准较高，企业得分中位数为 55 分，意味着使用过共益影响力测评的企业半数以上无法获得共益企业认证。

2016 年 6 月，提供急救培训和赛事急救保障等服务的社会企业“第一反应”成为中国内地第一家共益企业。2016 年起，13 家内地企业先后获得共益企业认证，包括第一反应（急救培训与服务）、星碧集团（节能照明）、叫板比萨（餐饮）、众建筑（建筑设计）、BottleDream（传媒）、联谛（信息无障碍技术咨询）等。

【专栏8-1】 共益企业认证快速测评的部分问题

1. 员工

1.1 补贴、福利和工资

- 工资（绝对水平和相对水平、企业内最高工资与最低工资的倍数）；
- 是否有退休金（及其投资计划是否符合社会责任投资）；
- 企业福利（是否平等，有没有职业发展和培训补贴，有没有对离开的员工的再就业支持、遣散费）。

1.2 员工所有权（优先认股等）

1.3 工作环境

- 健康和福利项目；
- 支持弹性上班、远程办公、兼职；
- 开展满意度调查、留职率、流动率、多元化率等调查，成立员工委员会。

2. 社区

2.1 创造就业（脆弱人群）

2.2 多元化（董事会、管理团队、全体员工、供应商）

2.3 公民参与和慈善捐款

鼓励员工参与志愿活动、设置目标提高员工志愿比例、制定书面社区服务政策、与当地慈善事业正式合作、为员工配捐、加入其他有资质的慈善机构。

2.4　当地参与度

- 从当地企业采购，或从少数民族或女性创办的企业采购；
- 决策考虑公平贸易或环境标准；
- 使用当地的独立银行或信用社、认证的共益企业等金融机构。

2.5　公开披露供应商、分销商的社会和环境绩效

3. 环境

3.1　土地、办公室和厂房

- 开展年度环境审查（能源、税和废物利用的效能），公开审查结果；
- 节能办公、生产（设备、照明、供暖制冷、节水、使用太阳能等可再生资源、鼓励其他通勤方式、购买排放指标）；
- 监控空气质量。

3.2　评估产品全生命周期的能源、水和材料使用

3.3　监控排放和制定废旧产品处理计划

3.4　鼓励供应、配送、分销商开展自我环境评估

4. 治理

4.1　使命和参与度

- 将社会和环境承诺写入企业使命声明；
- 就使命开展员工培训；
- 社会和环境绩效纳入考核，与奖金等奖励挂钩；

- 收集外部利益相关方的反馈，董事会有外部成员参加。

4.2　透明度

- 与员工分享基本财务信息；
- 对外发布年报，包括使命相关的绩效；
- 行业内部合作，开发社会和环境标准；
- 加入促进可持续性、公平贸易等的组织。

4.3　企业结构

将企业使命合法化、制度化，纳入治理文件或注册成法律上的工作共益企业。

5. 影响力商业模式

在生产和供应链中纳入弱势群体，或产品和服务直接面向弱势群体。

如提供以下产品或服务：健康保健、教育、支持艺术和文化遗产、改善社会和经济权益、提供以前没有的基础设施、支持目标驱动型组织。

用以下方式改善环境：开发利用可再生或清洁能源，减少废品，保护土地、保护野生动物，减少有毒物质、防止污染、修复环境，为解决环境问题开展评估、研究、咨询，提供环保使命相关的金融服务。

使用工人合作社、生产合作社等模式。

关注扶贫，选择公平薪酬的供应商，为小供应商提供技术和能力支持。

> 小范围特许经营或小范围配送。
>
> 10%的员工来自长期失业人群。
>
> 捐赠20%的利润或2%的销售额，或将20%的股权归非营利组织所有。
>
> 创业之初意在当地社区重建。
>
> 通过生产和整体运营改善环境。

资料来源：瑞安·霍尼曼著，游海霞、王群译，《公益企业指南：如何打造共赢商业新生态》，中信出版集团2017年版。

2. 全球社会价值投资评级体系

全球社会价值投资评级体系（Global Impact Investing Rating System，GIIRS）主要评估投资基金的社会与环境效应，基金经理是其主要使用者。大型基金会也会用GIIRS评估旗下的项目相关投资（program related investments）。GIIRS评估报告包括三大板块：一是基金经理评估，采用百分比排位制，考查基金资本管理的政策与操作；二是影响力运营评级，采用一到五星的评级制，考查企业经营运作的社会与环境影响力；三是影响力模式评级，采用从铜、银、金到白金的奖牌评级制，考查企业如何通过产品、服务、目标客户及价值创造社会或环境影响。

8.3.3 社会投资回报

社会投资回报（Social Return on Investment，SROI）是一种评估社会、环境和经济综合效益并将其纳入决策过程的系统方法。它将一项投资的社会回报与投入进行比较，分析和计算其社会效益—成本比。不同于一般性的成本效益分析，SROI对投资结果赋予货币价值，以便将其相加并与所做投资进行比较，从而得出总收益与总投资的比率。

SROI将投资带来的回报分为两部分：经济效益和社会效益。经济效益直接体现为“实际利润”，用货币作为单位（但对于强调非营利的公益项目，并不将经济回报作为关键考核要素，而以追求社会效益最大化为主要目标）。社会效益体现为受益人在观念、态度、知识、技能、行为等方面的改变，这种改变往往不具有货币形态，在传统上也缺乏“价值化”的处理方法，但并不代表社会效益不能用“货币”来形象化表示。因此，SROI工具给公益项目的执行者提供了一套原则和方法体系，赋予公益投资的社会效益以货币价值，使用现代经济学的话语体系，用货币化的方式呈现，并将社会回报的价值与公益投入进行对比，分析公益项目的成本—效益比，计算社会回报率（SROI Ratio）[①]。

8.4　中国的社会企业认证

社会价值主体的认证及其行为的界定标准，是社会价值评

---

① 张峻玮：“企业丈量公益项目的标尺：社会投资回报工具”，http://www.docin.com/p-540961762.html。

估的基础，也是社会价值投资市场最重要的基础设施。正是有这些标准和体系的存在，才有可能向市场提供准确的价格信号，为政府、企业和投资者的决策提供依据。严格意义上的主体界定标准和评估体系在中国刚开始探索。

在中国，政府和企业关注社会影响的意识在不断提升，对影响评估的需求也快速增长。在环境影响评估方面已经有了大量的实践，也出台了相应的政策规范。社会影响评估和贫困影响评估得到了越来越多的重视。社会影响评价在我国也有了初步的探索和实践。譬如，中国国际工程咨询公司 2004 年发布了《中国投资项目社会评价指南》；国家发展与改革委员会在 2007 年发布《关于项目申请报告通用文本的通知》，示范性地列出了社会影响分析；在《中国农村扶贫开发纲要（2011—2020）》中，也明确提出探索贫困影响评估。但在我国工程项目审批程序中，社会影响评价还不是必需环节。以上这些工作对未来社会价值评估的工具开发、规范制定和案例总结具有借鉴意义。但是，中国在市场主体的认证、行为规范和评估体系方面的工作刚刚起步，在基准价格制定方面尚未开始。

8.4.1 中国慈展会社会企业认证办法

2015 年 9 月，在第四届中国公益慈善项目交流展示会上，由深圳市中国慈展会发展中心牵头，联合北京大学公民社会研究中心、北京师范大学中国公益研究院、南都公益基金会和社会企业研究中心开展国内首次民间社会企业认证，制定了《中国慈展会社会企业认证办法（试行）》（以下简称《办法》)。该《办法》将组织目标、收入来源、利润分配、人员结构和注册信息五个核心维度作为社会企业核心认证要素，对于通过社会企业认证的机构提供资金、人才、孵化方面的支持。最新认证标准如下。

组织目标：有具体明确的社会目标，即促进就业、扶持特殊群体或解决其他特定社会问题，包括但不限于扶贫、教育、医疗、养老、环境保护、农业、食品安全等。

收入来源：超过50%的收入来自商品销售、贸易或服务项目收入（包含政府采购部分①）。

利润分配：章程规定机构每年用于分配的利润不超过年度利润总额的35%（社会组织的利润全部用于组织的宗旨和目的）。

人员结构：有专职授薪人员进行内部管理和经营活动，且其有两年以上合格纳税记录。

注册信息：合法登记注册的企业或社会组织②，经营执照上登记日期至今需要超过两年以上。

2015年专家评委从全国39家社会企业的认证申报中，通过严谨的评审程序，最后评选出基本符合条件的7家社会企业，分别是大连爱卡科技发展有限公司、江门市蓬江区伍威权庇护工场、兰州市崇德孤残困境儿童服务中心、上海黑暗中对话服务中心、上海救要救信息科技有限公司、深圳市残友集团

---

①② 2016年新增。

控股股份有限公司、深圳市信息无障碍研究会。这些机构在第四届中国慈展会上被授牌和公示。截至 2018 年，共有 238 家机构获得中国慈展会社会企业认证。

【专栏 8－2】　　上海救要救信息科技有限公司

上海救要救信息科技有限公司（即“第一反应”）是中国领先的赛事救援保障机构，致力于应急知识的普及、市民急救技能的提升、社会共享型急救理念的推广和平台的开发。于 2015 年 9 月 23 日获得“中国慈展会社会企业”资格，是中国首批获得认证的社会企业。

近年来，公众的健康意识不断提高，越来越多的人参与到体育运动中。然而运动激烈或不当产生的身体连锁反应大大增加了运动的危险性，急救者的“不会、不敢、不熟练”以及急救系统和设施的缺失，使得赛事现场的有效救援变得尤为困难。

“第一反应”团队花了两年时间，去日本、美国和欧洲实地考察，学习国际上先进的专业急救技术，同时引入教育专家开发的自主课程。目前，“第一反应”已经拥有美国心脏协会（AHA）授权并认证的心脏急救（Heartsaver）和核心急救员课程。此外，各大赛事的现场救援也是“第一反应”的重要工作。在赛事现场，“第一反应”配备充足的心脏复苏（AED）急救设备，医疗官、定点及流动急救人员等救援保障工作人员随时待命。在急救信号发出后，急救人员 2 分钟内对患者进行心脏复苏（CPR），4 分钟启动自动体外除颤仪器（AED），8 分钟将患者送上救护车。通过应急救援通信指挥车以及智能手机 sos-app 的联合保障平台，救援实现全程跟踪和动态协调，完成与 120 急救中心的无缝衔接。

截至 2016 年 4 月，“第一反应”累计为 120 余场赛事提供救援保障服务，成功挽救了 8 位心脏骤停的选手和观众。

8.4.2　顺德社会企业认定标准

2014 年 9 月，顺德区社会创新中心发布《顺德区社会企业培育孵化支援计划》，主要从组织类型、业务类型、利润分配、企业章程（含资产处置、治理结构）、经营年限等维度对社会企业进行认定，并于 2015 年 5 月开展了全国首次社会企业认证，认证了 3 家社会企业，6 家观察社会企业。2016 年顺德区社会创新中心对认证标准做了修订，将社会企业准入门槛放宽至个体工商户，并对认证的社会企业实行分级制（A 级、AA 级、AAA 级）。第二届社会企业认定共认证了 11 家社会企业（均为 A 级），5 家观察社会企业。2016 年版认证标准①

① “顺德社会企业认定标准”2016 年版在原版基础上做了结构性的调整。首先，在组织类型中，增加了“个体工商户”这一类型；在企业社会使命和目标方面，设定了社会问题与企业公益捐赠两个指标（二者满足其一），其中明确规定企业每年公益捐赠不得少于当年净利润的 50%，删除了关于雇用特殊人群比例、为特殊人群提供业务比例的规定；删除了在利润分配方面“用于股东分红的经营利润不得超过 1/3”的规定；删除了资产处置方式、在顺德区纳税年限的规定。

如下：

（一）组织类型：包括股份有限公司、有限责任公司、个人独资企业、合伙企业和个体工商户。

（二）企业有明确的社会使命和社会目标，能够创造出普通商业企业社会责任之外的附加社会价值，本计划认可的社会使命和社会目标须满足以下两个条件的其中一个：

1. 企业章程载明清晰的社会使命和社会目标，包括但不限于促进特殊群体就业、扶贫、教育、医疗、养老、环境保护等特定社会问题的解决；

2. 企业作为普通商业企业存在，但长期（不少于 2 年）投入资金或捐赠资金支持社会组织或个人去解决特定社会问题的，每年投入的款项不应少于当年企业净利润的 50%。

（三）企业有稳定的经营收入来源，并在企业经营过程或利润分配中体现了所关注社会问题的解决和社会使命的达成。

在以上基本条件基础上，顺德区社会创新中心将根据申请企业的实际情况，将其评定为 A 级社会企业、AA 级社会企业、AAA 级社会企业。

【专栏 8 -3】　顺德社会企业的定级标准

顺德区社会创新中心根据一定的标准，将社会企业评定为 A 级社会企业、AA 级社会企业、AAA 级社会企业。

A 级社会企业

同时满足以上三个基本条件。

AA 级社会企业

1）同时满足以上三个基本条件；

2）在利润分配上，每年用于股东分红的经营利润不超过50%，其余经营利润投入公益事业或用于机构自身发展；

3）在资产处置上，企业解散时将不少于50%的剩余财产捐献给社会企业、公益基金或其他公益性社会组织；

4）在顺德区内有一年以上纳税记录。

AAA 级社会企业：

1）同时满足以上三个基本条件。

2）能够提供有效文件证明企业章程中的社会目标或拟解决的社会问题正在达成且取得了社会认可，具有了较大的社会影响力。

3）企业的治理水平和财务披露达到较高水平，且已经形成制度保障，其中：

①为所有员工购买社会保险，建立完备的员工和服务对象参与决策机制，形成了良好的员工激励机制；

②在利润分配上，每年用于股东分红的经营利润不超过1/3，其余经营利润投入公益事业或用于机构自身发展；

③在资产处置上，企业解散时将全部剩余财产捐献给社会企业、公益基金或其他公益性社会组织；

④每年用于特定社会目标的资金所对应的财务报告在公司网站或者顺德区社会创新中心网站上向社会公开。

4）在顺德区境内有两年以上纳税记录。

8.5 友成社会价值三力标准与评价体系

友成基金会长期致力于社会创新与发展，从 2014 年开始研发出一套将定性评判转化为定量标准的体系——社会价值三力标准与评价体系（以下简称“三力标准”，见图 8.3）。该标准强调从驱动力、创新力、转化力三个维度及其一致性，全方位考察企业，以期识别出真正具有社会价值创造力和影响力的社会创新型企业。

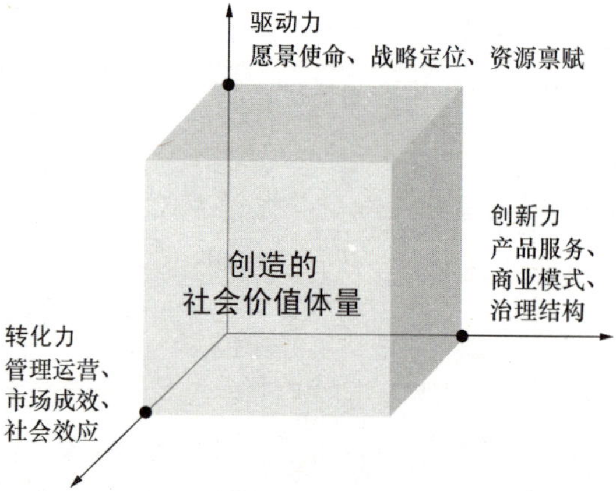

图 8.3　友成基金会的社会价值示意

在投资的社会成效方面，友成基金会采用了国际上通用的社会影响力评估标准，由此三力体系可以成为一个将社会价值投资标准、社会创新企业的战略管理工具以及社会价值投资成果测评集于一身的系列评价体系。目前，社会价值三力标准与评价开始试验，基于三力合一理论的半结构化、可定制的在线评估平台已经投入试运行；对A股市场沪深300上市公司的社会价值评估也已经完成模型建立、数据导入、指数生成等工作。

【专栏8-4】 友成基金会的三力投资标准和评价体系

友成基金会认为，具有社会价值创造性的企业，都会兼顾社会目标驱动力、解决方案创新力和执行效果转化力。由此，友成基金会提出了社会价值投资的三力标准。在此基础上，友成基金会在2014年研发了一套将定性评判转化为定量标准的体系。该标准强调从驱动力（Aim）、创新力（Approach）、转化力（Action）三个维度及其一致性，全方位考察企业，以期识别出真正解决社会问题、具有创新解决方案和可持续商业模式的社会创新型企业。三力社会价值投资标准和评价体系成为将社会价值投资标准、社会创新企业的战略管理工具以及社会价值投资成果测评集于一身的系列评价体系。

驱动力是通过考察其社会议题的公共性、项目的战略定位、解决社会问题的能力和资源禀赋是否与之匹配，来判断创始人和团队的情感、能力以及团队的一致性。

创新力所设置的指标非常有特色，借助商业的术语，将社会目标贯穿其中，加入社会创新的元素，检验其解决方案与社会目标是否一致，利润是否来自创新，社会利益相关方如何参与其中等。创新性包括技术创新、产品和服务的创新。通过观察这些创新是否在放大企业的社会价值、是否在放大目标人群的受益程度，以及社会创新是否也带来了商业价值的放大，从而判断创新解决方案与社会目标是否方向一致、效能一致、利益一致。

转化力着重看产出和结果，检验此前的投入是否转化为真正的社会影响，是否把社会问题转化成商业机会——能卖得出去的、市场接受的产品，能收回来的、赢利的利润，并转化成长期的社会效益，也就是目标人群受益并发生了改变。

图 8.4　三力社会创新型企业版（示例）

基于“三 A 三力”标准，友成基金会和社会价值投资联盟建立了一个支撑“3A”评估的在线技术平台，建立了“三 A”指标库、模型库、评估问卷系统、评估权重算法系统、评估报告自动生成系统等功能模块，全面支持社会价值投资标准应用的整个流程（如图 8.4）。

友成基金会提出的社会价值三力标准体系开发了在线平台，已经开始投入试运行，在 2016 年“社创之星”评选、社会价值投资联盟的各场路演中均经受住了实践考验，得到了现场专家评委及投资人的好评。

三力模型的框架和路径以及遵循的原则是基本一致的，在实际应用中可以根据企业发展阶段和评估目的的不同，对其评估的具体指标和权重进行调整。三力模型可以用于企业直接投资决策。从三力模型去收集并分析一个被投项目，有助于解决分析被投项目时常常出现的以偏概全的错误。三力模型通过驱动力、创新力和转化力三个方面针对不同行业形成的具有针对性的问题清单，并通过实地考察和访谈的方式，可以比较精准地识别一个项目在经济上的可能性和技术上的可行性。三力框架特别有助于投资者判断以下几点：创始人是否真的有真切的使命和愿望，是否有将使命和愿望转变为产品和服务的能力和创新，是否具有高效的执行团队和能力。通过三力模型尽职调查的过程，也是投资者和被投资者对项目战略的一个沟通和梳理过程，更有助于投资者作出良好的决策。

三力模型也可以用于投后的管理和评估。投后管理包括两部分：第一部分是被投项目的过程管理，使用三力的方法和工具，对项目进行过程监控和管理，阶段性地检查三力之间的一致性，发现可能存在的问题，提出改进的方法；第二部分是被投项目的社会价值评估，即前述的通过三力模型来进行社会价值的量化评估。

三力模型不仅提供了评估社会价值的一个框架，并且也可以成为包括企业在内的组织的战略分析工具。三力模型特别关注从使命到战略的合一性、从战略到资源禀赋的匹配性、从创新（产品服务创新、商业模式创新）对实现战略的价值，以及组织的执行力对战略的支撑等多个角度多个层面来判断企业。

2017 年，由社会价值投资联盟（深圳）牵头，42 家中外机构和 68 位专家学者协同，以 2017 年 6 月发布的沪深 300 成分股为范围，以三力模型为基础，研发完成了社会价值评估模型——上市公司版，生成了上市公司社会价值“义利 99”排行榜。这是中国首次对上市公司社会价值进行量化评估。

图 8.5 为“义利 99”指数与主要市场指数沪深 300、上证 50、上证综指的市场走势对比，可以发现“义利 99”指数走势表现均优于沪深 300、上证 50 与上证综指。

尤其值得关注的是，在图 8.6 中，在沪深 300 中不同的指标组合可以看出，以经济转化效益为指标排名的“经济转化 99”指数表现最差；组合指数“驱动力 + 经济转化 99”表现

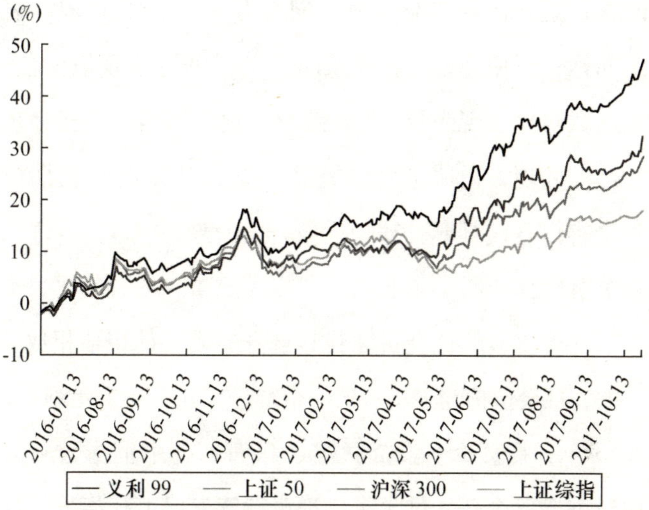

图 8.5　"义利 99"指数与沪深 300 等指数走势对比

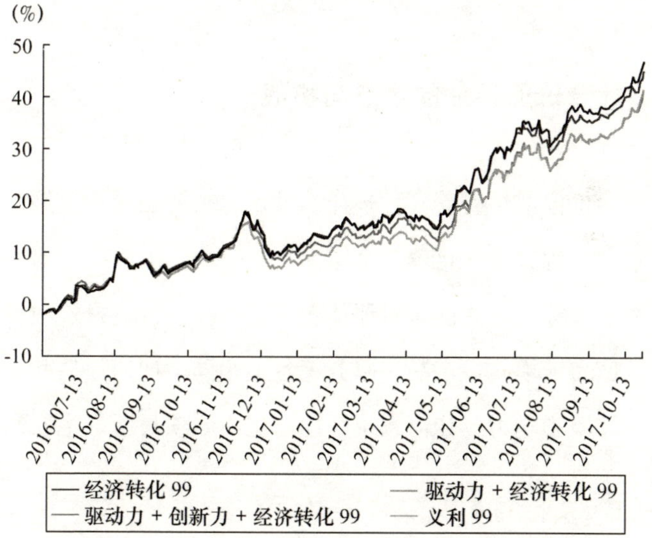

图 8.6　"义利 99"与不同指标组合指数走势对比

明显改善；组合指数“驱动力 + 创新力 + 经济转化 99”表现进一步向好；采用完整指标体系即“义利 99”表现最优。

从指数对比表现来看，“义利 99”优于不同二级指标组合成的指数的表现，说明“评估模型”指标体系的完整性很重要，各个指标各司其职，缺一不可。

这个指数也证明了企业追求“更高质量、更有效率、更加公平、更可持续”的社会目标和其自身的成长是相辅相成、相互促进的，社会价值与经济价值完全统一，并不是二元对立的。

2019 年，社会价值投资联盟（深圳）与中证指数有限公司、博时基金等合作，推出了中证可持续发展 100 指数。这是三力模型在可持续发展融资领域的一个应用尝试。

8.6　社会价值评估的难点与挑战

社会价值评估有着多种多样的难点，主要表现在模型标准化、数据来源、人才培养三个层面。

在模型标准化方面，对评估者而言，社会价值投资项目的领域、使命、模式、产品、服务等各不相同，如何评估和量化社会与环境影响力、如何系统性地对比不同项目所产生的影响力是一个难点[①]。

---

① 裘成：“测不可测的影响力评测——全球影响力测评综述”，《中国社会组织》2015 年第 20 期，第 30 ~ 35 页。

在数据方面，收集企业运行的各方面数据并追踪社会价值数据和进行评估必然会对项目带来一定的资源与成本付出。如何方便有效地从基层收集数据、收集有透明度和相关性的数据、有效地追踪社会价值在不同时间点的变化，不使测评变成项目运作的负担，这也是一个难点[①]。

在人才培养方面，社会价值评估需要大量的专业性人才，但目前无论国内还是国外，这方面的人才都极其缺乏。

① 裘成："测不可测的影响力评测——全球影响力测评综述"，《中国社会组织》2015 年第 20 期，第 30 ~ 35 页。

第9章

社会价值投资与国有企业和事业单位改革

9.1 引言

社会价值投资对中国改革与发展的重要贡献之一可能是给国有企业和事业单位的改革提供了一种新的思路；反之，这两类主体的改革或将有助于推动社会价值投资的发展，两者之间可以彼此促成，互赋机遇。

国有企业作为一种生产经营组织形式，同时具有营利法人和社会性、公益性的特点。其营利性体现为追求国有资产的保值和增值。其社会性、公益性体现为国有企业的设立通常是为了实现国家战略及调节经济的目标，起着调和国民经济各个方面发展的作用。如果说在新中国成立初期，我们为了优先发展重工业和加快实现国家的工业化，拥有了大量的国有资产和国有企业，促进经济发展是主要目的，那么，半个多世纪过去了，随着我国社会主义经济体系的建立，国家拥有国有资产和发展国有企业的目标在促进经济发展的同时，应该更多地兼顾社会发展与收入公平。

事业单位是政府设立的公共服务机构，其提供的服务范围包括教育、科技、文化、卫生等广泛领域。改革开放以来，事业单位改革的总体方向是去行政化、精简机构，提高服务效率和质量。

推动国有企业和事业单位改革，对于当前经济领域和公共服务领域的供给侧结构性改革具有重要的意义。新一轮国有企业和事业单位改革的特征是分类施策，其中公益性国有企业、经营性和公益性事业单位具有很大的潜力被打造成社会价值型企业。

随着改革进入深水区，利益关系错综复杂，在传统的框架下继续推进改革难度重重。在改革剩余的“难啃骨头”中，国有企业改革和事业单位改革是两个具有代表性的领域，这也是极具中国特色的背景。社会价值投资的引入，有可能为这两个领域的改革提供一条新的通路，也有可能通过国有企业和事业单位改革为社会价值投资在中国的发展提供数量庞大的资源。

9.2　社会价值投资对国有企业和事业单位改革的启示

9.2.1　社会价值投资与国有企业改革

在社会主义市场经济体制改革进程中，国有企业改革始终是一个绕不过去的话题。在 20 世纪 90 年代末的改革之后，国有企业作为市场主体的特征更加凸显，虽然国有企业在国民经济中的比重相比改革开放前有了大幅度的下降，但对国民经济的影响仍不可小视。2012 年，国有企业占全国企业法人总数的比例大约为 2%，国有企业职工占城镇从业人员的比重在 10% 左右，国有企业增加值平均为全国 GDP 的 20%、上缴税收占全国财政收入的比重平均为 34.6%①。

从总体上看，经过多轮改革之后，中国国有企业的治理机制、经营管理、业绩水平都有了显著的提升。但是国有企业改革总体推进速度与市场和社会的预期仍有一定的差距。

国有企业是市场主体，但是许多国有企业实际上承担了提供公共服务和传递公共利益的职能，并为公共财政提供了支持，因此具有显著的公益性和社会价值。新一轮国有企业改革将国有企业分类简化为商业类和公益类，这十分有利于明晰对不同类型国有企业的定位，为后续的改革奠定基础。本书着重关注社会价值投资与公益类国有企业改革的关系。

公益类国有企业的深化改革还需要解决两个突出的问题，即如何建立公众对国有企业的信任以及如何抑制国有企业的道德风险问题，其中的关键是让国有企业的运行及其社会价值绩

---

① 杨浩辉、宋志才：“国有企业经营状况调查研究”，《新智慧·财经》2014 年第 9 期。

效更加透明。社会价值投资的引入恰恰可以在这方面有所作为。社会价值投资要求企业产生的社会效果可预期、可测量。推动公益类国有企业成为社会价值导向的企业，意味着不论这些国有企业作为社会价值的投资者，还是作为社会价值的直接创造者，都需要有严格定义和可测量的社会价值。通过事前的规划和对企业实际创造的社会价值的测量，一方面有助于社会公众加深对公益类国有企业价值和绩效的理解，另一方面也可以抑制国有企业的道德风险行为，这将为公益类国有企业的改革拓展话语空间。除此之外，社会价值导向型国有企业并不要求企业放弃对适度利润回报的支持，也有助于减少改革的阻力。

反过来看，更多的公益类国有企业转变成为社会价值导向的企业，将为社会价值投资在中国的发展提供巨大的组织、资金和人才支持。鉴于社会价值投资在中国刚刚起步，在理念普及、工具多样性、资源动员和影响力等方面都还存在很大的限制，将公益类国有企业的改革与社会价值投资相结合，将对社会价值投资在中国的飞跃性发展起到推动作用。

9.2.2　社会价值投资与事业单位改革

事业单位改革是我国行政管理体制改革的重要内容，对于建立现代国家治理体系意义重大。事业单位不以营利为目标，过去长期作为准政府存在，主要依托财政资金来实现提供公共服务。目前，全国共有事业单位 110 多万家，编制内的人员约

3000 万，另有 900 多万离退休人员①。从行业看，事业单位从业人员近 2/3 分布在教育和卫生行业。

当前，我国政府和事业单位之间在组织、人事、产权上仍然模糊，事业单位缺乏有效的绩效考核机制，普遍存在体制僵化、忽视市场机制、效率低下等问题。事业单位的工作机会被认为是“铁饭碗”，人员冗余严重，社会性负担沉重。在经济增速下滑和财政约束趋紧的背景下，事业单位维持旧状将变得更加困难，迫切需要进行实质性的改革。

2011 年颁布的《中共中央　国务院关于分类推进事业单位改革的指导意见》提出：“到2020 年，建立起功能明确、治理完善、运行高效、监管有力的管理体制和运行机制，形成基本服务优先、供给水平适度、布局结构合理、服务公平公正的中国特色公益服务体系。”根据这一文件，按照社会功能将现有事业单位划分为承担行政职能、从事生产经营活动和从事公益服务三个类别。对承担行政职能的，逐步将其行政职能划归行政机构或转为行政机构；对从事生产经营活动的，逐步将其转为企业；对从事公益服务的，继续将其保留在事业单位序列并强化其公益属性。在这一改革方案中，第二类和第三类事业单位的改革与社会价值投资关系密切。

同公益类国有企业的改革一样，社会价值投资的引入将有

① “2016 事业单位改革：700 万涉及教师、医生取消编制”，http：//mt. sohu. com/20160209/n437154487. shtml。

助于丰富事业单位改革的选择。对于从事生产经营活动的事业单位，在财政新常态下引入社会价值投资，将有助于避免这些机构及其从业者在改革过程中利益的断崖式下跌或巨大不确定性，减少了改革的阻力，从而为改革推进保留了通路。对于公益类事业单位，在改革过程中也将有数量众多的机构脱离原有事业单位序列，成为社会价值导向型的投资人，或者成为社会价值的被投资对象。对于社会价值投资来说，事业单位的分类改革，将有助于完善社会价值投资的生态系统，并为社会价值投资在中国的发展提供组织、资金和人力上的支持。

9.3　哪些国有企业是社会价值型企业

未来国有企业改革的基本思路是精细化分类的改革。新一轮国有企业改革将国有企业分为商业和公益两大类，明确了一部分国有企业（尤其是为社会提供公共产品和服务职能的国有企业）的社会属性。这些企业以保障民生、提供公共产品和服务为主要目标，因此具有显著的社会价值属性。国家对这类企业的投资都是社会价值投资，都应该用社会价值投资评估的方式，对其绩效进行社会价值评估。社会价值投资是到目前为止国际上认可的能够兼顾创造经济和社会价值的投资方式，多国均有成功的模式。我国的国有企业改革可放开视野，从国际实践的创新成果中获得新思路。

然而，国有企业具有社会性和公益性的属性，并不意味着所有的国有企业都是严格意义上的社会价值型企业。所谓“社会价值型企业”，是从需求端出发的社会价值投资的投资对象。也有一些国有企业可能开展了具有社会价值的业务。这里，评价企业整体或相关业务是否具有社会价值，主要看其业务受益的对象是否瞄准贫困弱势人群，或者解决突出的社会性和公共性问题。社会价值型企业在创造可衡量社会及环境价值的同时，获得相应的财务回报（视具体情况，财务回报可以低于、等于或高于市场回报率）。理解社会价值型企业概念的前提是要明确“社会价值投资”的定义。在其中间有小规模地解决某个社会问题的社会企业，也有解决被列入国家议事日程的重大社会问题、具有商业模式的大型企业。它们的规模、运作模式、成长阶段、产品/服务、客户可能有着非常大的差异，但它们有一个共同点，即同时兼顾社会和财务双重目标（Judith Robin，Margot Brandenburg，2014）。

那么，到底怎样的国有企业属于社会价值型企业？我们认为，下列国有企业都有可能通过一定的改革成为社会价值型企业：

- 公益类国有企业。
- 非经营性的所有前事业单位以及部分经营性的前事业单位改革而成的企业。
- 部分行政垄断和自然垄断企业的相关业务部门、子公司和事业部。
- 其他对社会有较大影响的商业化国有企业，或国有控股企业。

下面，我们从以上的分类出发，探索国有企业与社会价值型企业之间的关系。

9.3.1　公益类国有企业

2015年的《关于深化国有企业改革的指导意见》（以下简称《指导意见》）明确提出："将国有企业分为商业类和公益类，并实行分类改革、分类发展、分类监管、分类定责、分类考核，推动国有企业同市场经济深入融合，促进国有企业经济效益和社会效益有机统一。"

何谓公益类国有企业?《指导意见》指出："公益类国有企业以保障民生、服务社会、提供公共产品和服务为主要目标，引入市场机制，提高公共服务效率和能力。"这里的公益，是指一种福祉和利益，而这种福祉和利益不只是个人的，还是社会大众共同的福祉和利益（彭翔，2015）。由于公共产品和服务是关系到国计民生的重大事项，其定价机制不能完全由市场决定，往往由政府决定更加合适。又由于公共产品和公共服务的消费具有非竞争性和非排他性，容易出现外部性和"搭便车"行为，私人企业不愿意进入，或进入后无利可图，因此公共产品和服务必须也只能由公益性国有企业来"垄断性"提供①。

公益类国有企业以实现社会目标为首要目标，它有以下一

---

① 高明华："国企分类改革必须对应国资分类监管"，载于《前线》2014年第2期；程伟："分类推进公益性国有企业改革发展的战略思考"，载于《国有资产管理》2012年第3期。

些特征：一是为公众提供公共产品和服务；二是一般存在于自然垄断行业，存在规模报酬递增和进入壁垒；三是公共产品和服务的价格由政府决定，而非通过市场价值规律形成，因而不具有明显的盈利能力，需要政府财政辅助才可维持正常运转。

值得指出的是，公益类国有企业并不等同于公益组织，“非营利性”不应作为公益类国有企业的标签。国有企业是特殊的企业，其本身融合了国有资产保值增值的经济属性和帮助国家调节社会经济活动的社会属性，这两个属性不因公益类、商业类国有企业的划分而割裂。所以，公益类国有企业的社会属性虽然相对于商业类国有企业来说更强，但它作为独立的市场主体，“经营机制必须适应市场经济要求”（《关于深化国有企业改革的指导意见》，2015）（以下简称《指导意见》），遵守市场经济的基本规律。“要以现代企业制度来规范和要求自己，做到科学经营决策，尽可能提高企业运作的效率，在更多承担社会效益的前提下实现国有资产的保值增值。即便是正常的政策性亏损，也应努力做到亏损最小化”[①]。从这种意义上来看，公益类国有企业的概念与社会价值型企业更加吻合。

对于什么样的国有企业是属于公益类的，社会上也有不同的看法。时任国资委副主任的邵宁在首次提出“公益型国有企业”时指出：“具有公益性质的国有企业，在中央层面包括

---

① 程民选、王罡：“关于公益性国有企业的理论探讨”，载于《当代经济研究》2014 年第 3 期。

石油石化、电网、通信服务等领域的企业；在地方层面包括供水、供气、污水处理、公共交通等方面的企业。”对此有学者提出了质疑，如程民选和王罡从石油、石化、通信等战略性产业所提供的产品和服务的特性出发，认为其不具备公共产品或准公共产品的非排他性、非竞争性的特征；再加上我国石油、通信企业大多在股票市场挂牌上市，这与公益类国有企业先“社会效益”后“经济效益”的目标相冲突（程民选、王罡，2014）。公益类国有企业和商业类国有企业究竟如何划分？《指导意见》对其并未明确。从政策上来看，目前采取的是谁出资谁分类的原则，由履行出资人职责的机构负责所出资企业的功能界定和制定分类方案，报本级政府批准。各地区可结合实际，划分并动态调整本地区国有企业功能类别。

从这种意义出发，我们认为公益类的国有企业具有显著的社会价值特性，具有成为社会价值型企业的潜力。如前所述，社会价值型企业的两个最基本特征在于以产生实际可衡量的社会及环境价值为主要目标和具备可持续的盈利模式。表 9 - 1 将这两个基本特征与公益类国有企业做了对比。

由表 9 - 1 可知，社会价值型企业在主要目标和是否盈利这两个关键问题上，与公益类国有企业基本保持一致。严格来说，公益类国有企业是一种特殊类型的社会价值型企业，即国家持有或控股、提供关系社会公众福祉和利益的公共产品、具有盈利模式。但也有一些企业因为实现社会目标而承担政策性亏损，依赖政府财政补贴。

表 9－1　　社会价值型企业与公益类国有企业的对比

企业类型 / 要素特征	社会价值型企业	公益类国有企业
主要目标	创造社会及环境价值的同时，兼顾财务回报	保障民生、服务社会、提供公共产品和服务，兼顾财务回报
投资主体	民间资本、外资、慈善资本、国有资本等多元化投资主体	国有独资为主
盈利模式	自负盈亏	自负盈亏，部分政府补贴

9.3.2　原事业单位改制过来的生产经营类企业

事业单位改革是经济与行政管理体制改革的重要组成部分。事业单位是提供公共产品和服务的主要载体。根据 1998 年的《事业单位登记管理暂行条例》，事业单位是国家为了社会公益目的，由国家机关举办或者其他组织利用国有资产举办的，从事教育、科技、文化、卫生等活动的社会服务组织。2011 年 3 月 22 日，中共中央、国务院正式下发《关于分类推进事业单位改革的指导意见》，随后又出台 9 套配套文件，涉及事业单位分类、编制管理、财政政策、法人治理结构、收入分配、人事管理等改革的核心内容。文件明确要求，在政事分开、事企分开和管办分离的原则下，“按照社会功能将现有事业单位划分为承担行政职能、从事生产经营活动和从事公益服务（从事公益服务类又细分为公益一类和公益二类）三个类别”（见图 9.1），并在此基础上推进事业单位各项制度改革。

在事业单位改革的动态过程中，承担行政职能的事业单位将“划归行政机构或转为行政机构”；从事公益服务的事业单位（含公益一类和公益二类）将继续保留在事业单位序列，强化其公益属性。而从事生产经营活动的事业单位将逐步转为企业。值得一提的是，原列于公益服务类的公益三类事业单位（即提供的服务具有一定的公益属性，可基本实现由市场配置资源的事业单位）在文件中被划归生产经营类。

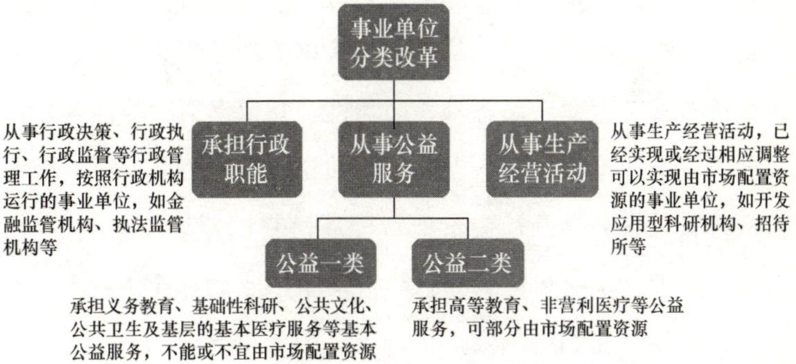

图9.1　事业单位分类改革示意

从事生产经营活动类事业单位是指从事生产经营活动，已经实现或经过相应调整可以实现由市场配置资源的事业单位。这类事业单位主要面向社会从事生产、经营和开发活动，或利用专门知识、技能为社会提供技术和中介服务，具有一定的经营性，具备自我经营、管理和发展的内在机制。如开发应用型科研机构、出版社、培训机构，还有部分招待所等。在分类改革的动态过程中，从事生产经营活动的事业单位通过转企改制，退出事业单位编制，成为真正独立核算、自主经营、自负盈亏的经济实体。在转企改制过程中，为了顺应现代市场经济的趋势，一些外资、民营资本、个人资本等参与投资，实现投资主体的多元化。

从事生产经营活动的事业单位经过转企改制，逐渐发展成为独立市场主体。按国务院文件的精神，事业单位转企改制后，要按照现代企业制度要求，深化内部改革，转变管理机制，并依照政企分开、政资分开的原则，逐步与原行政主管部门脱钩，其国有资产管理除国家另有规定外，由履行国有资产出资人职责的机构负责。尽管这些从事生产经营活动的原事业单位改制成了企业，服务性、公益性及知识密集性的特点相比其他的事业单位来说有所弱化，但如科研机构、出版社、培训机构等，社会公益及社会价值目标还是它们营运的重要部分。这样的企业，也有可能成为社会价值型企业，对其社会价值的评估，应该是它们的绩效评估的重要组成部分。

9.3.3 其他类型的国有企业

与前述的国有自然垄断企业是否都属于公益类国有企业的讨论一样，对国有自然垄断企业是否可以成为社会价值型企业也应该进行一些梳理。一般来说，在城市供水、供电、燃气、路桥、公共交通等方面为人们的日常生活提供产品和服务的自然垄断型公共事业企业属于公益类国有企业的范畴。这些企业或者其面向社会贫困弱势人群的事业部、子公司，可以发展成为社会价值型企业。

而对于像邮政、电网、铁路、港口、机场等自然垄断产业中的国有企业是否应该属于公益类国有企业，学者们有不同的意见，因为在其产业链中许多环节都能引入多家企业（包括非国有企业）竞争。例如，铁路的自然垄断性只存在于路轨和车站，营运列车并不具有自然垄断性；供电系统的自然垄断性只表现于电网，而发电、配电并不具有自然垄断性。因此，这类产业也不宜实行全行业的垄断经营，完全可以允许非国有企业进入，进行竞争（金碚，1999）。

但是，即使是邮政、电网、铁路、港口、机场等自然垄断性的基础设施领域中，不管是整个行业还是产业链中的各个环节，都要承担极大的社会责任及社会效益。乡村邮政，农村贫困地区的电网、道路，很多的支线铁路、机场等，并不具备商业价值，但从社会价值的角度看，提供这些服务意义重大。国家规定这些机构要长期地提供服务。它们所提供的社会价值，应该得到承认。同时，将这些企业的事业部或子公司列入社会价值型企业或社会价值业务范畴，对其社会价值贡献进行严格地量化评估。这样，一方面国家可以根据它们对社会的贡献给予激励，另一方面也可以进行横向比较，对那些社会贡献不够的企业给予惩罚。

值得指出的是，即使是商业类国有企业，有一部分应该、也可能成为社会价值型企业。《关于国有企业功能界定与分类的指导意见》（以下简称《指导意见》）对商业类国有企业的定义，除了“主业处于充分竞争行业和领域的商业类国有企业”之外，还包括“主业处于关系国家安全、国民经济命脉的重要行业和关键领域，主要承担重大专项任务的商业类国有企业”。这后一类的商业类国有企业，都承担着重大的社会责任。《指导意见》指出：“对这些国有企业，在考核经营业绩指标和国有资产保值增值情况的同时，加强对服务国家战略、保障国家安全和国民经济运行、发展前瞻性战略性产业以及完成特殊任务的考核。”可见，这类商业类国有企业中的一部分虽被划为商业类国有企业，但国家要对其完成社会属性的绩效进行考核，也就是说，这类企业要同时具备实际可衡量的社会价值目标和可持续的盈利模式，因此，也可以成为社会价值型企业。

9.4 社会价值型国有企业的投资人

社会价值型国有企业的投资人应该是政府，政府通过财政的投入，通过政策性金融机构对国有企业，同时也对国有社会价值型企业进行投资。国有企业的出资者为代表全体人民的国家，国有资产出资人以其向企业的全部投资额享有所有者的权益，包括资产收益权、重大决策权和经营管理者选择权。国家作为出资者，对企业中的国有资产进行管理和监督，国有资产管理机构依法行使出资者权利，实施国有资产的产权管理；对国有资产保值增值和国有出资人的权益，既要防止国有资产流失，也要保证国有企业承担一部分社会责任。

另外，一部分社会价值型国有企业是上市公司；通过证券交易所的交易，一部分股票持有者也是投资人，他们对企业社会责任的认同，也会影响社会价值型国有企业在履行社会责任上的强度。随着混合所有制改革的深入，一部分民营企业的资金会投入国有企业之中。如果这些混合所有制的企业恰好又是社会价值型企业，那么这部分民营企业的投资者也可以是国有社会价值投资人。当然，我国到目前为止的混合所有制改革的试点中，基本上还没有出现对社会价值型国有企业的参股投资。

在中国，社会价值型国有企业的投资者，往往是政策性金融机构。政策性金融机构是指那些由政府或政府机构发起、出资创立、参股或保证，不以利润最大化为经营目的，在特定的业务领域内从事政策性融资活动，以贯彻和配合政府的社会经济政策或意图的金融机构①。我国的政策性金融机构包括以下三类：（1）为经济开发提供长期投资或贷款的金融机构，如国家开发银行；（2）贯彻和配合国家农业扶持和保护政策，为农业提供中长期低息贷款的金融机构，如农业发展银行；（3）为促进进出口贸易，促进国际收支平衡尤其是支持和推动出口的金融机构，如进出口银行和出口信用保险公司。

政策性银行本身也在不断地改革中。2008 年原中国银监会批准建立国家开发银行股份有限公司，拉开我国政策性金融机构的商业化改革大幕。2012 年的第四次全国金融工作会议

---

① http：//baike. so. com/doc/6205084 －6418351. html.

明确提出“政策性金融机构要坚持以政策性业务为主体，明确划分政策性业务和自营性业务，实行分账管理、分类核算。国家开发银行要坚持和深化商业化改革”；2013 年，党的十八届三中全会再次提出“推进政策性金融机构改革”；2015 年 4 月，国务院正式批复政策性银行的改革方案，明确了三大政策银行的定位：国家开发银行坚持开发性金融机构定位，中国进出口银行强化政策性职能定位，而中国农业发展银行坚持以政策性业务为主体。

政策性金融机构的商业化改革，并非全面市场化，其着眼于全社会的结构调整、经济发展、社会安定和金融安全的目标并没有改变，这也让国有政策性银行在支持社会价值型企业的发展方面有了强有力的依据。以国家开发银行为例，其主要从事的开发性业务均为社会价值投资，如新型城镇化、保障性安居工程等。在新型城镇化方面，国家开发银行重点支持城市棚户区和“城中村”改造；还重点对中西部和东北地区的采煤沉陷区、林区、垦区、资源枯竭型城市、三线企业集中地区棚户区改造进行信贷倾斜；在民生方面，国家开发银行涵盖养老安居工程、养老医疗、老年文化、社区服务、家庭经济困难学生的助学贷款等各个方面。这些投资与贷款都有重大的社会效益，都应该属于社会价值投资，其中相当大的一部分是对国有企业的投资。

9.5　社会价值型国有企业的绩效评估

社会价值评估是社会价值投资的关键与核心。如果没有科学有效的评估，就很难证明投资行为的社会价值创造力——对于社会带来的真正改变。社会价值评估不仅是投资机构对自我投资的一种负责任的做法，而且使投资机构未来的投资更加有影响力。在宏观层面，社会价值评估能为整个行业更新知识，通过了解和对比业内社会价值投资项目所产生的收益与社会和环境的影响力，更多的投资机构能够预测项目是否值得投资以及投资所能带来的影响力，使整个社会价值投资行业在长期更加有效率，并获得更多的社会与环境影响力。它既是评价总结社会投资行为的理论依据，又是指导规范社会投资行为的操作性指南。

社会价值投资对国有企业改革的意义，最重要的是它的社会价值评估体系。国有企业，特别是上述的社会价值型国有企业，较一般的民营企业应该有更强的社会性和公益性，同时承担更重的社会责任，这是不言而喻的。但对这些企业的社会绩效的评估却一直没有详细的方案。“社会价值投资”概念的提出，能够对社会投资型国有企业产生的社会效果进行标准化的测量。对国有企业的社会价值评估应该发生在投资、生产及服务的整个过程，通过数据与信息的收集、跟踪，对投资产出与投资成果进行定性和定量评估。这种评估，不仅能从微观层面为政府这个国有企业的投资人带来富有价值的信息，以便其更好地分配资源、调整组织内部的运作与战略决策，而且从公关角度帮助政府及国有企业更有效地传达项目所实现的社会价值，以便真实有效地汇报给广大群众。用这些方法，可以更好地评估国有企业的经济和社会绩效，同时加强对国有企业改革和发展过程中的监管。

实际上，对我国国有企业的绩效评估由来已久，大体上经历过计划经济时期以“产品产量”“企业产值”等实物量为核心的评价指标体系，以及改革开放后以财务数据为主要依据的财务绩效评价指标体系。20 世纪 90 年代后期，《国有资本金效绩评价规则》的颁布，标志着国有企业绩效评价制度正式确立。这套评价体系在吸取西方企业绩效评价体系如杜邦财务分析体系、平衡计分法等的精华，并结合我国国情和国有企业实际的基础上，研发而成，包括财务效益、资产运营、偿债能力和发展能力四个方面共 32 项指标，将企业经营者的基本素质、市场占有率、发展创新能力等非财务指标纳入绩效评价体系，初步形成了财务指标和非财务指标的有机整合。

然而，从总体上来看，这套评价体系还是以财务绩效为主的，并不能反映出国有企业对社会价值评估的要求。2015 年国务院颁发的《关于国有企业功能界定与分类的指导意见》明确指出：“对商业类国有企业，要根据企业功能定位、发展目标和责任使命，兼顾行业特点和企业经营性质，明确不同企业的经济效益和社会效益指标要求，制定差异化考核标准，建立年度考核和任期考核相结合、结果考核与过程评价相统一、考核结果与奖惩措施相挂钩的考核制度。对公益类国有企业，重点考核成本控制、产品质量、服务水平、营运效率和保障能力，根据企业不同特点有区别地考核经营业绩和国有资产保值增值情况，考核中要引入社会评价。”但是，迄今为止严格意义上的一套系统的国有企业社会绩效评估指标还没有制定出来。

同样地，目前我们还没有对事业单位的社会绩效进行整体评估。一些地方以及机构出台了一些对事业单位员工的绩效考核方法，从德、能、勤、绩四个方面分优秀、称职、不称职三个等级考核业绩（贾文红，2005）。这类考核方式不能为一般性事业单位提供绩效参考，更不用说增加了经济绩效指标的从事生产经营活动的事业单位了。因此，借鉴国内外的社会影响力绩效评价机制来建立一套适用于我国部分国有企业，特别是上述社会价值型国有企业以及由原事业单位改制过来的生产经营类企业的社会价值绩效评估方法，是完全必要的。

【专栏9-1】　　　　中国邮政

一些国有企业虽被划归为公益类国有企业的范畴，但也不排除其在为社会提供公共产品和服务的同时，发展差异化的竞争性业务。例如中国邮政，一直以来作为由国家管理或直接经营寄递各类邮件（信件或物品）的通信部门，通政通商通民，其公益性不言而喻。随着全球经济一体化进程的不断加快，人们的生产、经营和社会活动趋于高效率和快节奏，大量的样品、单证、商务函件、资料的快速传递给传统邮政业务提出了新的需求，中国邮政推出 EMS（Express Mail Service）邮政特快专递服务产品以回应这一市场新需求，与顺丰、申通、圆通等民间快递公司以及 DHL、UPS 等国际快递公司共同参与市场竞争。竞争性业务的加入并不会改变中国邮政的公益类国有企业属性。虽然中国邮政的一些业务是在商业竞争非常激烈的领域，但从整体上来说，它还应该属于公益类国有企业。其产生的利润可用于交叉补贴，反哺盈利性较差的邮政普遍服务。这样，在一个企业内既实现了社会目标，又实现了国有资产的保值增值。同样地，中国邮政投资的邮政储蓄银行因其大规模地对农村居民，特别是贫困地区农村提供金融服务，也具有显著的社会价值属性。

【专栏 9－2】　　国家开发银行

国家开发银行是直属于国务院的政策性金融机构。2008 年 12 月改制为国家开发银行股份有限公司。2015 年，国务院批复《国家开发银行深化改革方案》，明确了国家开发银行开发性金融机构定位和相关政策支持、制度安排，提出国家开发银行要紧紧围绕服务国家经济重大中长期发展战略，充分利用服务国家战略、依托信用支持、市场运作、保本微利的优势，进一步发挥开发性金融在重点领域、薄弱环节、关键时期的功能和作用。

开发性金融既不同于传统政策性金融，也不同于商业性金融。与传统政策性金融相比，开发性金融也以服务国家战略为宗旨、依托国家信用支持。但可以说，市场化运作是开发性金融与政策性金融最显著的区别。与商业银行相比，开发性金融以服务国家战略和政策任务为目标，遵循“项目自身的战略必要性、整体业务的财务可平衡性与机构发展的可持续性”原则，以中长期投融资业务为主，建立“政策入口—开发性金融孵化—市场出口”的机制，在市场空白、缺损的领域主动建设市场、信用和制度，为商业银行贷款“铺路搭桥”。

面对经济新常态，国家开发银行充分发挥开发性金融在重点领域、薄弱环节和关键时期的功能和作用，为中国经济发展行稳致远作出了积极贡献。国家开发银行认真贯彻落实国家宏观政策措施，大力支持棚户区改造、铁路、水利等国家重点领域发展和新型城镇化、京津冀协同发展、战略性新兴产业等国家重大战略以及“一带一路”建设实施，在支持实体经济、助力经济转型中发挥引领和导向作用，凸显了开发性金融机构的独特价值。

面对人民群众在住房、教育、就业、医疗等民生领域的迫切需求，国家开发银行以实现普惠金融、促进社会公平为目标，大力发展保障性住房、助学贷款、中小企业贷款、扶贫开发、医疗卫生、养老服务等民生业务，将融资成果体现在为人民群众实实在在地增进利益和改善生活上，体现了开发性金融机构的责任担当。其中，国家开发银行将支持棚户区改造作为全行工作的重中之重，成立住宅金融事业部加强专业化管理，为普惠金融的可持续发展探索了新道路、开创了新局面。

国家开发银行积极服务国家生态文明建设，制定发展战略和管理办法，从组织管理、制度建设、流程管理、考核机制、信息披露等方面完善绿色信贷制度体系，结合新型城镇化和产业转型升级推进生态文明建设，加大对循环经济、大气污染防治、新能源发电、污水处理等项目的支持，实现了环保及节能业务的新增长。

第10章

中国社会价值投资的制度与政策环境

10.1 引言

支持性的政策环境对于推动社会价值投资十分关键，特别是在市场发展的早期阶段，政府的介入尤为必要。在英国、美国等发达国家，社会价值投资的发展受到法律框架内的认定与支持，并享受税收、融资、政府补贴等优惠政策的支持，对解决社会问题、推动经济社会发展作出了显著贡献。

中国在社会价值投资的供给侧和需求侧方面都已经出台了相关的法律法规和政策，为社会价值投资的发展提供了一定的制度基础。但是，现行法律和政策体系中还没有明确引入社会价值投资或社会企业等概念，社会价值投资供给侧和需求侧的法律和政策尚不能良好对接，政策环境还有很大的改进空间。本章对在当前我国社会价值投资或社会企业发展过程中，政府制定的相关法律法规及各项政策进行梳理与总结，全面地分析社会价值投资在我国发展过程中所处的制度与政策环境，找出其发展过程中面临的政策困境。

10.2 中国社会价值投资发展的背景及政策取向

改革开放以来，中国越来越重视慈善事业的地位和作用，慈善事业的发展环境得到显著的改善。“发展慈善事业，加强对捐助资金使用的监管”最早出现在“十五”规划中。2004年，党的十六届四中全会提出：“要健全社会保险、社会救助、社会福利和慈善事业相衔接的社会保障体系。”2005 年 3 月十届全国人大三次会议审议通过的《政府工作报告》中也提出“支持发展慈善事业”。2008 年，民政部根据国务院确定的“三定”方案进行机构改革，成立“社会福利和慈善事业促进司”，明确了政府对慈善事业的管理职能和机构，该司负责拟定慈善事业发展规划、指导社会捐助工作。

进入 21 世纪后，我国处于经济、社会发展的重要战略期，社会组织的地位愈加受到重视。党的十八大提出要“加快形成政社分开、权责明确、依法自治的现代社会组织体制”。根据党的十八大以来的决议和政策精神，在“十三五”时期社会组织发展的战略方向是：围绕构建中国特色社会主义社会管理体系和现代国家治理体系，形成政社分开、权责明确、依法自治的现代社会组织体制，积极培育和发展社会组织，提升社会组织能力，激发社会组织活力，促进社会组织发挥作用。2014 年初，我国开始启动慈善立法，并于 2016 年正式颁布

《中华人民共和国慈善法》，国家对慈善事业越发重视，为慈善公益事业的发展创造了良好的环境与条件。

这充分表明，党和国家对社会组织已经开始从原来的以管制为主，转变为以扶持引导为主。这为社会价值投资的发展壮大提供了利好的政策背景。

10.3　中国社会价值投资的法律环境

社会价值投资在中国属于新兴起的概念，虽然立法实践一定程度上落后于理论与实践进展，但政府在慈善信托、公益创投、社会组织、民办非企业单位、福利企业、农民专业合作社等方面已经分别建立了法律框架。在现有法律框架内，社会价值投资涉及的法律法规主要有三类。

2016 年，我国第一部全面系统规范公益慈善事业发展的法律《中华人民共和国慈善法》正式颁布，并于 2016 年 9 月 1 日起正式施行。这是我国公益慈善事业发展的一大进步，也是从法律层面对慈善主体、慈善财产、慈善捐赠、慈善信托、慈善服务等作出鼓励和支持的重大利好。在此之前，我国关于公益慈善事业发展的相关法律依据主要是 1999 年颁布的《中华人民共和国公益事业捐赠法》，其中规定公司和其他企业依照本法的规定捐赠财产用于公益事业，依照法律、行政法规的规定享受企业所得税方面的优惠。

表 10－1　　我国公益慈善事业发展相关法律法规

时间	法律、法规	主要内容
1999 年	《中华人民共和国公益事业捐赠法》	公司和其他企业依照本法的规定捐赠财产用于公益事业，依照法律、行政法规的规定享受企业所得税方面的优惠
2014 年	《民政部　全国工商联关于鼓励支持民营企业积极投身公益慈善事业的意见》	明确鼓励支持具备条件的民营企业依法设立基金会，或在慈善组织中设立专项基金，探索企业留本冠名慈善基金、公益信托等新载体
2014 年	《国务院关于促进慈善事业健康发展的指导意见》	鼓励兴办慈善组织。地方政府和社会力量可通过实施公益创投等多种方式，为初创期慈善组织提供资金支持和能力建设服务。要加快出台有关措施，以扶贫济困类项目为重点，加大政府财政资金向社会组织购买服务力度
2014 年	《民政部关于贯彻落实〈国务院关于促进慈善事业健康发展的指导意见〉的通知》	鼓励有条件的地方依法积极开展慈善信托试点
2015 年	《民政部　国资委关于支持中央企业积极投身公益慈善事业的意见》	支持有条件的中央企业依托相关金融机构、慈善组织设立慈善信托。鼓励中央企业整合内部捐赠资源，统一筹划部署，结合企业战略模式，聚合内部资源并形成合力，打造有影响力、可持续的公益慈善品牌项目。协助中央企业依法享受税收优惠
2015 年	《民政部关于鼓励实施慈善款物募用分离充分发挥不同类型慈善组织积极作用的指导意见》	鼓励探索募用分离的不同方式，如公益创投。资助型组织根据自身宗旨，通过创投的方式，拿出一定资金对服务型组织特别是初创阶段的服务型组织进行支持，帮助其实施自有慈善项目并加快成长，更好地发挥社会作用

续表

时间	法律、法规	主要内容
2016 年	《中华人民共和国慈善法》	第五章专门对慈善信托作出规定。明确规定了属于公益信托的慈善信托概念、设立程序、管理机制、监管办法等。 本法所称“慈善信托”属于公益信托，是指委托人基于慈善目的，依法将其财产委托给受托人，由受托人按照委托人意愿以受托人名义进行管理和处分，开展慈善活动的行为

资料来源：根据《中国法律法规数据库》、国务院《法律法规全文检索系统》及相关文献资料整理。

从 1999 年《中华人民共和国公益事业捐赠法》到 2016 年《中华人民共和国慈善法》的发展历程中，一些与社会价值投资相近或相关的概念开始逐渐进入法律框架内，特别是自 2014 年以来，越来越多的法律法规中开始出现与社会价值投资相关的内容，并呈现出明显鼓励探索的政策信号。

2014 年 1 月，民政部、全国工商联发布《关于鼓励支持民营企业积极投身公益慈善事业的意见》，鼓励支持具备条件的民营企业依法设立基金会，或在慈善组织中设立专项基金，并明确提出探索公益信托等新载体。2014 年 11 月，国务院《关于促进慈善事业健康发展的指导意见》在“鼓励兴办慈善组织”和“鼓励开展形式多样的社会捐赠和志愿服务”中均明确指出，地方政府和社会力量可通过实施公益创投等多种方式，为初创期慈善组织提供资金支持和能力建设服务。同时，鼓励设立慈善信托，抓紧制定政策措施，积极推进有条件的地方开展试点。2015 年 5 月，民政部、国资委发布《关于支持中央企业积极投身公益慈善事业的意见》，也明确支持有条件的中央企业依托相关金融机构、慈善组织设立慈善信托。2015 年 10 月，民政部发布《关于鼓励实施慈善款物募用分离　充分发挥不同类型慈善组织积极作用的指导意见》，在灵活选择实施募用分离的不同方式时，将公益创投作为其中一种方式，鼓励资助型组织根据自身宗旨，通过创投的方式，拿出一定资金对服务型组织特别是初创阶段的服务型组织进行支持，帮助其实施自有慈善项目并加快成长，更好地发挥社会作用，并对开展公益创投的程序、规则等进行了原则性规定。2018 年 8 月，民政部公布《社会组织登记管理条例（征求意见稿）》，征求社会各界意见。新条例正式施行后，《社会团体登记管理条例》《基金会管理条例》和《民办非企业单位登记管理暂行条例》三大条例将同时废止。

到 2016 年，《中华人民共和国慈善法》列出专门一章，对慈善信托作出明确规定，确立了慈善信托的法律地位，明确慈善信托属于公益信托，是指委托人基于慈善目的，依法将其财产委托给受托人，由受托人按照委托人意愿以受托人名义进行管理和处分，开展慈善活动的行为。并对慈善信托的设立程序、规则、监管、信托财产管理等内容作出原则性规定。

从我国慈善事业发展相关的法律法规演变过程来看，社会价值投资具化为“公益创投”“慈善信托”“公益信托”等形式逐渐在法律法规中得到认可与鼓励，这体现出国家和政府层面逐渐对社会价值投资在公益慈善事业发展中的作用予以重视，并从法律法规层面释放利好信号。但与此同时，我国尚缺乏对社会价值投资定位、具体执行措施的相关规定。例如，根据 2014 年《国务院关于促进慈善事业健康发展的指导意见》中明确提出的鼓励慈善信托发展的规定，2014 年 12 月在《民政部关于贯彻落实〈国务院关于促进慈善事业健康发展的指导意见〉的通知》中，仅简要提到“鼓励有条件的地方依法积极开展慈善信托试点”，并没有进一步的落实措施。

10.4　公益信托发展的主要法律法规

公益信托发展最相关的法律法规是全国人大常委会公布的《中华人民共和国信托法》中的公益信托条款。该法明确了国家鼓励发展公益信托，对我国公益信托“公益目的”的解释，所有公益信托的必要主体和监督机构，以及公益信托终止情况下的近似原则。条款中规定：“公益信托应当设置信托监察人，信托监察人由信托文件规定。信托文件未规定的，由公益事业管理机构指定。”但是条款对哪些资格的自然人或者法人可以承担监察人，以及如何选拔或者任命监察人，都没有作出说明①。

---

① 社会企业研究中心、深圳市创新企业社会责任促进中心、深圳慈善会主编：《2014 社会影响力投资在中国》。

表 10－2　　我国公益信托发展的相关法律法规

时间	法律、法规	主要内容
2001 年	《中华人民共和国信托法》	对公益信托设立的目的、主体、管理规则等作出规定
2007 年	《信托公司管理办法》	信托公司可以根据《中华人民共和国信托法》等法律法规的有关规定开展公益信托活动
2008 年	《中国银监会办公厅关于鼓励信托公司开展公益信托业务支持灾后重建工作的通知》	对信托公司设立公益信托进行了管理和监管上的规定
2016 年	《中华人民共和国慈善法》	第五章专门对慈善信托作出规定，明确规定了属于公益信托的慈善信托概念、设立程序、管理机制、监管办法等。 慈善信托属于公益信托，主要区别在于慈善信托的受托人仅限于慈善组织和信托公司

随着信托法规的不断完善，中国人民银行先后发布了《信托投资公司资金信托管理暂行办法》（以下简称《暂行办法》）和《信托公司集合资金信托计划管理办法》（以下简称《管理办法》），对资金信托作出规定，其中部分条款对公益信托的捐赠设置了更大的门槛，不利于公众参与，特别是在灾难爆发等特殊时期。比如《暂行办法》规定，信托投资公司集合管理、运用、处分信托资金时，接受委托人的资金信托合同不得超过 200 份（含 200 份），每份合同金额不得低于人民币 5 万元（含 5 万元）。而《管理办法》则要求单个信托计划的自然人不得超过 50 人，但单笔委托金额在 300 万元以上的自

然人投资者和合格的机构投资者数量不受限制。随着问题日益暴露，原中国银监会发布《中国银监会办公厅关于鼓励信托公司开展公益信托业务支持灾后重建工作的通知》，为公众参与公益信托打开了局面，其最重要的一条是“公益信托的委托人可以是自然人、机构或者依法成立的其他组织，其数量及交付信托的金额不受限制”，这使得任何人都可以小额资金参与到公益信托产品中，突破了中国人民银行的相关限制。[①]

慈善信托是公益信托的一种。随着 2016 年《中华人民共和国慈善法》的出台，慈善信托有了更明确的法律依据。截至 2018 年底，全国共有慈善信托 136 单，合同总金额约 20 亿元[②]。但在慈善信托的实施过程中，还存在一些操作层面的问题。目前，慈善信托的税收优惠在法律上还没有明确操作细则的规定，资产捐赠和运作产生的投资收益存在税收问题。

10.5　以保障弱势群体为目标的相关法律法规

在我国现行法律框架内，以保障弱势群体特别是残疾人为目标的法律法规（见表 10 - 3），逐渐重视社会组织的力量，并通过相关法律法规支持相关企业的发展。

---

① 社会企业研究中心、深圳市创新企业社会责任促进中心、深圳慈善会主编：《2014 社会影响力投资在中国》。

② 杨团主编：《慈善蓝皮书：中国慈善发展报告（2019）》，社会科学文献出版社 2019 年版。

表 10－3　我国以保障弱势群体为目标的相关法律法规

时间	法律、法规	主要内容
2008 年修订	《中华人民共和国残疾人保障法》	为促进残疾人就业，规定“政府和社会举办残疾人福利企业、盲人按摩机构和其他福利性单位，集中安排残疾人就业”。国家鼓励用人单位超过规定比例安排残疾人就业
2014 年	《国务院办公厅关于进一步动员社会各方面力量参与扶贫开发的意见》	积极引导社会组织扶贫。支持社会团体、基金会、民办非企业单位等各类组织积极从事扶贫开发事业。地方各级政府和有关部门要对社会组织开展扶贫活动提供信息服务、业务指导，鼓励其参与社会扶贫资源动员、配置和使用等环节
2015 年	《中共中央　国务院关于打赢脱贫攻坚战的决定》	支持农民合作社和其他经营主体通过土地托管、牲畜托养和吸收农民土地经营权入股等方式，带动贫困户增收。 广泛动员全社会力量，合力推进脱贫攻坚。鼓励支持民营企业、社会组织、个人参与扶贫开发，实现社会帮扶资源和精准扶贫有效对接，探索发展公益众筹扶贫
2017 年修订	《中华人民共和国中小企业促进法》	高等学校毕业生、退役军人和失业人员、残疾人员等创办小型微型企业，按照国家规定享受税收优惠和收费减免
2017 年修订	《残疾人教育条例》	保障教育机会平等、积极推进融合教育、加强对残疾人教育的支持保障

1990 年颁布、2008 年修订的《中华人民共和国残疾人保障法》对社会福利企业作出了规定。为帮助残疾人就业，政府和社会举办残疾人福利企业、盲人按摩机构和其他福利性单位。国家对安排残疾人就业达到、超过规定比例或者集中安排

残疾人就业的用人单位和从事个体经营的残疾人，依法给予税收优惠，并在生产、经营、技术、资金、物资、场地等方面给予扶持。国家对从事个体经营的残疾人，免除行政事业性收费。其主要目的在于通过鼓励支持社会福利企业发展，帮助残疾人就业。2017 年修订的《中华人民共和国中小企业促进法》对残疾人员、失业人员、退伍军人等特殊群体创业予以税收优惠和收费减免，同时鼓励政府从中小企业采购。

对社会价值投资的使用和鼓励还体现在与政府扶贫开发工作相关的法律法规中（见表 10 -4）。2014 年，《国务院办公厅关于进一步动员社会各方面力量参与扶贫开发的意见》强调积极引导社会组织扶贫，其中提到应支持社会团体、基金会、民办非企业单位等各类组织积极从事扶贫开发事业。2015 年，《中共中央　国务院关于打赢脱贫攻坚战的决定》提出“鼓励有条件的企业设立扶贫公益基金和开展扶贫公益信托……探索发展公益众筹扶贫”。

表 10 -4　　我国政府对扶贫开发工作的法律法规

功能分类	时　间	法律、法规
登记管理	1989 年	《社会福利企业管理暂行办法》
	1998 年	《社会团体登记管理条例》
	1998 年	《民办非企业单位登记管理暂行条例》
	2000 年	《民办非企业单位开立银行账户有关问题的通知》《民办非企业单位登记暂行办法》《民办非企业单位名称管理暂行规定》《民办非企业单位印章管理规定》《体育类民办非企业单位登记审查与管理暂行办法》
	2004 年	《基金会管理条例》

续表

功能分类	时　间	法律、法规
登记管理	2005 年	《民办非企业单位年度检查办法》
	2006 年	《中华人民共和国农民专业合作社法》
	2007 年	《农民专业合作社登记管理条例》
	2007 年	《社会福利企业资格认定办法》
	2008 年	《救灾捐赠管理办法》
	2011 年	《公益慈善捐助信息公开指引》
	2011 年	《社会组织评估管理办法》
	2013 年	《关于进一步做好农民专业合作社登记与相关管理工作的意见》
	2014 年	《国务院关于促进慈善事业健康发展的指导意见》
	2016 年	《慈善组织认定办法》
	2016 年	《慈善组织公开募捐管理办法》
	2016 年	《社会团体登记管理条例》（2016 年 2 月 6 日修正）
	2019 年	《慈善组织保值增值投资活动管理暂行办法》
队伍建设	2011 年	《关于加强社会工作专业人才队伍建设的意见》
	2012 年	民政部制定并发布《社会工作专业人才队伍建设中长期规划（2011—2020 年）》
	2014 年	共青团中央、中央综治办、民政部等 6 部门印发《关于加强青少年事务社会工作专业人才队伍建设的意见》
	2017 年	《志愿服务条例》
监督评估	2011 年	《社会组织评估管理办法》
	2014 年	《国务院关于促进慈善事业健康发展的指导意见》
	2018 年	《社会组织信用信息管理办法》
	2018 年	《慈善组织信息公开办法》

从整体制度与法律环境来看，在当前的法律法规框架内，

国家尚未有明确的社会价值投资或社会企业相关法律法规，但对各种类型接近的社会企业作出了鼓励性规定，如《中华人民共和国残疾人保障法》中对福利企业的条件和优惠进行了规定，出于保障弱势群体就业、生存等目标，鼓励成立带有公益目标的企业。同时，特别鼓励开展公益信托、公益众筹等社会价值投资的具体形式。但是这些规定总体上数量比较少，涉及范围也比较窄，投资限制较多，并没有对社会价值投资或社会企业发展制定完善的法律框架，只是提出了鼓励探索公益信托、公益众筹的政策导向，并没有细化扶持方案。

10.6　管理体制

我国没有明确的社会价值投资或社会企业概念，因而对于社会企业并没有明确的部门办理登记，也没有明确的部门对于相应权益进行管理和保护。目前的管理体制主要对一般的社会团体规章或《中华人民共和国公司法》进行管理与监管。然而社会价值投资与传统企业的投资侧重点完全不同，社会企业也区别于传统的非营利组织或者企业。因此在管理体制上，除按企业与公司进行注册以及按一般商业企业进行管理之外，当前我国社会价值投资还适用关于公益事业的组织管理方面的立法，主要包括 1998 年公布的《社会团体登记管理条例》和《民办非企业单位登记管理暂行条例》，2004 年公布的《基金会管理条例》，2008 年 4 月颁布的《救灾捐赠管理办法》，

2011 年公布的《公益慈善捐助信息公开指引》，2016 年公布的《慈善组织认定办法》等。

从内容来看，当前我国对社会价值投资或社会企业的管理主要体现在登记管理、队伍建设、监督评估等方面。

1. 登记管理

主要对各类社会组织的登记管理进行规定，目前接受民政部门管理的社会价值投资主体主要由福利企业、民办非企业单位、农民专业合作社、社会团体等构成。从现行管理相关政策来看，政府一直都在积极关注并支持社会福利企业的发展。早在 1989 年《社会福利企业管理暂行办法》中，民政部已提出集中清理整顿福利企业、贯彻政企分开、建立健全管理机构的意见。1992 年《关于加强社会福利企业年检工作的通知》规定了社会福利企业的残疾职工上岗工作等情况。随着社会福利企业的发展，结合新时期的实际情况，民政部于 2007 年颁发了《社会福利企业资格认定办法》，重新规定了社会福利企业的资格认定条件。与此同时，1999 ~ 2005 年，政府相继出台了多部关于民办非企业单位的政策法规，如《民办非企业单位名称管理暂行规定》《民办非企业单位印章管理规定》等。政府颁发的相关政策法规逐渐清晰了民办非企业单位及捐赠单位可享受的税收优惠政策。2016 年民政部发文取消福利企业资格认定事项，吸纳残疾人就业的纳税人可根据规定向税务部门申请退税。随着经济社会发展，不同形式的社会组织得到政府重视，如 2006 年《中华人民共和国农民专业合作社法》的颁布，在法律上明确了农民专业合作社的法律地位，制定了各项政策支持农民专业合作社的发展。例如，农民专业合作社可以优先承接一些项目、设立专项资金扶持合作社的发展等。2007年颁布的《农民专业合作社登记管理条例》明确了农民专业合作社的登记管理机关是工商行政部门，业务主管单位是农业部（农业农村部）。

2. 队伍建设

社会价值投资与传统非营利组织、传统企业等有所区别，因而更需要专业人才队伍的发展与建设。在社会价值投资实践中，人才队伍不稳定、人才匮乏是制约发展的一个因素。目前国家在推动社会价值投资人才队伍建设方面的相关制度及政策是缺乏的，仅在社会工作专业人才建设方面出台了部分行政法规。主要包括2011年11月出台的《关于加强社会工作专业人才队伍建设的意见》，2014年1月10日共青团中央、中央综治办、民政部等6部门印发的《关于加强青少年事务社会工作专业人才队伍建设的意见》，2012年4月26日民政部制定并发布的《社会工作专业人才队伍建设中长期规划（2011—2020年）》等。

3. 监督评估

对社会组织的管理与评估，民政部2011年出台了专门的社会组织评估标准与评估管理办法，督促民政部门依法实施社会组织监督管理职责，促进社会组织健康发展，依照规范的方法和程序，由评估机构根据评估标准，对社会组织进行客观、全面的评估，并作出评估等级结论，将社会组织评估结果分为5 个等级，由高至低依次为 5A 级（AAAAA）、4A 级（AAAA）、3A 级（AAA）、2A 级（AA）、1A 级（A）。

同时，在发展过程中，逐渐强调慈善组织自我管理。2014年，《国务院关于促进慈善事业健康发展的指导意见》（以下简称《指导意见》）提出要切实加强慈善组织自我管理。慈善组织要建立健全内部治理结构，完善决策、执行、监督制度和决策机构议事规则，加强内部控制和内部审计，确保人员、财产、慈善活动按照组织章程有序运作。基金会工作人员工资福利和行政办公支出等管理成本不得超过当年总支出的 10%。

信息公开在当前的监督管理体制中也逐渐得到重视。《指导意见》明确规定慈善组织应及时公开款物募集情况，募捐周期大于 6 个月的，应当每 3 个月向社会公开一次，募捐活动结束后 3 个月内应全面公开；应及时公开慈善项目运作、受赠款物的使用情况，项目运行周期大于 6 个月的，应当每 3 个月向社会公开一次，项目结束后 3 个月内应全面公开。

从当前的管理体制来看，社会价值投资在我国的实践适用于社会组织的管理机制，接受“登记管理机关”和“业务主管单位”双重审核、双重负责、双重监管。但对于社会价值投资或社会企业的管理问题并没有明确的规定，登记注册、日常管理以及监督工作等适用于政府多个部门的规定，事权、责任均不明确。

10.7　支持性政策

在当前的法律和政策框架下，一个组织想要开展社会价值投资，可以享受特定的优惠措施，但条件较为严格。具体来说，从广泛意义上，当前开展社会价值投资可以享受到的相关政策支持具体包括以下几个方面。

1. 税收优惠政策

我国有关社会价值投资的税收优惠政策散落于各类相关主体的具体政策规定中（见表 10－5），总体来说，主要分为两类，一类是直接对从事社会价值投资行为的组织实施的税收优惠，另一类是对进行公益性捐赠的企业和个人实施的相关税收优惠。

表 10－5　　我国有关社会价值投资的相关税收优惠政策

时间	主体类别	政策、法规
1992 年	社会福利企业	《征收社会福利生产管理费暂行规定》
1993 年	社会福利企业	《关于对福利企业、学校办企业征税问题的通知》
1994 年	社会福利企业	《关于民政福利企业征收流转税问题的通知》
1999 年	公益性捐赠	《中华人民共和国公益事业捐赠法》
1999 年	事业单位、社会团体、民办非企业单位企业	《事业单位、社会团体、民办非企业单位企业所得税征收管理办法》
2007 年	残疾人就业企业	《关于促进残疾人就业税收优惠政策的通知》

续表

时间	主体类别	政策、法规
2008 年	公益性捐赠	《财政部　国家税务总局　民政部关于公益性捐赠税前扣除有关问题的通知》
2008 年	非营利组织	《中华人民共和国企业所得税法实施条例》《关于非营利组织企业所得税免税收入问题的通知》
2008 年	农民专业合作社	《关于农民专业合作社有关税收政策》
2008 年	农民专业合作社	《农民专业合作社财务会计制度（试行）》
2009 年	非营利组织	《关于非营利组织免税资格认定管理有关问题的通知》
2009 年	非营利组织	《关于非营利组织企业所得税收入问题的通知》
2011 年	农民专业合作社	《关于进一步加强农民专业合作社财务管理工作的意见》
2014 年	慈善组织	《国务院关于促进慈善事业健康发展的指导意见》
2014 年	社会组织	《国务院办公厅关于进一步动员社会各方面力量参与扶贫开发的意见》
2016 年	残疾人就业企业	《财政部　国家税务总局关于促进残疾人就业增值税优惠政策的通知》
2018 年	支持农户、小微企业的金融机构	《财政部 税务总局关于金融机构小微企业贷款利息收入免征增值税政策的通知》
2019 年	创业的建档立卡贫困人口、登记失业人口、残疾人口；招用上述人员的企业	《财政部 税务总局 人力资源社会保障部 国务院扶贫办关于进一步支持和促进重点群体创业就业有关税收政策的通知》

在现有的政策框架下，社会价值投资能够享有的税收支持和优惠政策，取决于各类机构的身份以及服务对象。譬如，

2007 年《关于促进残疾人就业税收优惠政策的通知》规定了社会福利企业享受退税额的条件，对于每位残疾人退税额设置了上限，每人每年不得超过 3.5 万元；2016 年，福利企业认定取消，吸纳残疾人就业的退税政策调整后取消了上述限制。《财政部　国家税务总局　民政部关于公益性捐赠税前扣除有关问题的通知》则对企业和个人公益性捐赠所得税税前扣除政策进行了明确的规定：企业用于公益事业的捐赠支出，在年度利润总额 12% 以内的部分，准予在计算应纳税所得额时扣除；根据《中华人民共和国个人所得税法》和《中华人民共和国个人所得税法实施条例》，个人公益性捐赠额未超过纳税义务人申报的应纳税所得额 30% 的部分，可以从其应纳税所得额中扣除。

2014 年国务院出台的两个指导意见中，均明确强调，要按照国家税收法律及有关规定，全面落实扶贫捐赠税前扣除、税收减免等扶贫公益事业税收优惠政策，以及各类市场主体到贫困地区投资兴业、带动就业增收的相关支持政策；降低扶贫社会组织注册门槛，简化登记程序，对符合条件的社会组织给予公益性捐赠税前扣除资格。

但从实施细则来看，虽有落实和扩大税收优惠政策的相关规定，但缺乏细分政策及相关的落实执行政策文件。同时，税收优惠有严格的认定与执行规定，从受惠主体来看，多数限于具备一定官方背景的社会组织，对于社会价值投资主体或社会企业来说，免税和抵税等优惠较难享受到。这在一定程度上限制了社会价值投资的发展壮大。

2. 政府购买服务

政府购买服务起源于政府采购，在各地的试行探索下，2002 年 6 月，正式的政府购买服务法律法规得以颁布，即《中华人民共和国政府采购法》。但在目前的实际运行中，大部分社会组织尚未被纳入采购的对象。随着政府购买服务范围逐步扩大，政府出台了多个指导意见，强调购买服务注重公共性和公益性，并引导性扩大购买服务的公共服务领域。

表 10 -6　我国政府购买服务的相关政策、法规

时间	政策、法规	主要内容
2002 年	《中华人民共和国政府采购法》	正式规定政府购买服务的相关内容
2012 年	《民政部　财政部关于政府购买社会工作服务的指导意见》	明确指出："政府购买社会工作服务，是政府利用财政资金，采取市场化、契约化方式，面向具有专业资质的社会组织和企事业单位购买社会工作服务的一项重要制度安排。"
2013 年	《关于政府购买社会服务的指导意见》	通过政府购买服务，推动公办事业单位与主管部门理顺关系和去行政化，推进有条件的事业单位转为企业或社会组织
2014 年	《财政部　民政部　国家工商总局关于印发〈政府购买服务管理办法（暂行）〉的通知》	定期举办社会工作宣传周、项目推介会、展示会、公益创投等活动，为民办社会工作服务机构交流经验、推广项目、争取资源创造条件
2014 年	《关于支持和规范社会组织承接政府购买服务的通知》	加大对社会组织承接政府购买服务的支持力度，鼓励采取孵化培育、人员培训、项目指导、公益创投等多种途径和方式，提升社会组织承接政府购买服务的能力

续表

时间	政策、法规	主要内容
2016 年	财政部、民政部印发《关于通过政府购买服务支持社会组织培育发展的指导意见》	加快转变政府职能，创新社会治理体制，促进社会组织健康有序发展，提升社会组织能力和专业化水平，改善公共服务供给

从当前政府购买公共服务相关的政策内容来看，国家已明确提出加大对社会组织承接政府购买服务的支持力度，鼓励采取孵化培育、人员培训、项目指导、公益创投等多种途径和方式，提升社会组织承接政府购买服务的能力，并强调了购买服务的公共性和公益性。但从实施细则上，还缺乏具体的支持和鼓励细则，政府购买服务的落实有待加强，经费有时难以保障。可喜的是，地方政府开展了积极的探索，如广东、浙江、上海、北京等地民政系统出台了关于政府购买服务的细则并开展了一些实践。

3. 金融服务

社会价值投资需要特别的金融服务来支持整个投资流程，从当前我国的制度与政策环境来看，社会价值投资能享受到的金融服务主要集中在农民专业合作社、小微企业等组织主体方面。

从当前的金融服务支持性政策内容来看，近年来，小微企业金融服务是政策大力扶持的重点，如《国务院关于印发推进普惠金融发展规划（2016—2020 年）的通知》强调积极发挥全国中小企业股份转让系统、区域性股权市场、债券市场和

表 10－7　　我国金融服务相关政策、法规

时间	主体类别	政策、法规
2009 年	农民专业合作社	《关于做好农民专业合作社金融服务工作的意见》
2014 年	社会投资	《国务院关于创新重点领域投融资机制鼓励社会投资的指导意见》
2015 年	小微企业	《国务院关于印发推进普惠金融发展规划（2016—2020 年）的通知》
2015 年	小微企业	《国务院关于大力推进大众创业万众创新若干政策措施的意见》
2015 年	小微企业	《国务院办公厅关于加快融资租赁业发展的指导意见》
2016 年	绿色债券	《绿色债券发行指引》
2016 年	绿色金融的各类产品、工具和相关政策	《关于构建绿色金融体系的指导意见》

期货市场的作用，引导证券投资基金、私募股权投资基金、创业投资基金增加有效供给，进一步丰富中小企业和“三农”的融资方式。2015 年，《国务院关于大力推进大众创业万众创新若干政策措施的意见》（以下简称《意见》）明确支持符合条件的创业企业上市或发行票据融资，并鼓励创业企业通过债券市场筹集资金。《意见》积极研究尚未盈利的互联网和高新技术企业到创业板发行上市制度，推动在上海证券交易所建立战略性新兴产业板……支持符合条件的发行主体发行小微企业增信集合债等企业债券创新品种。

2016 年 2 月，国家发展与改革委员会发布了《绿色债券发行指引》，随后上海证券交易所发布规则为绿色债券提供“绿色通道”，4 月 15 日北京汽车股份有限公司发行的全国首只绿色债券获得批准。6 月，作为 G20 峰会的主席国，我国已倡议 G20 成立绿色金融研究小组，就各国绿色金融发展的最佳实践、主要障碍、促进全球经济绿色转型政策举措等问题进行研究。中国“十三五”规划纲要明确提出“建立绿色金融体系，发展绿色信贷、绿色债券，设立绿色发展基金”，这些为中国“绿色发展”理念指明了中长期方向。2016 年 8 月 7 部委联合发布的《关于构建绿色金融体系的指导意见》则提出，通过绿色金融的相关产品激励更多社会资本投入到绿色产业，同时有效地抑制污染性投资建设，并逐步建立和完善上市公司和发债企业强制性环境信息披露制度。

4. 强化企业社会责任的引导性政策

社会价值投资与企业社会责任有一定的交叉，而企业社会责任近年来得到政府的大力倡导与政策支持。如 2008 年，国务院国资委发布《关于中央企业履行社会责任的指导意见》。2011 年，国务院国资委颁布《中央企业“十二五”和谐发展战略实施纲要》，要求中央企业积极履行社会责任。2012 年，国务院国资委将社会责任管理列为管理提升重点领域之一。2013 年，党的十八届三中全会召开，明确国有企业要以承担社会责任为重点，进一步完善现代企业制度。2014 年，党的十八届四中全会通过《中共中央关于全面推进依法治国若干重大问题的决定》，明确要求加强企业社会责任立法。

综合税收优惠、政府购买服务、金融服务、支持性政策等政策环境来看，社会价值投资处于国家大力支持民间社会资本投资与国家大力支持公益组织发展的交叉点，但政府尚未意识到社会价值投资的这一支点的撬动作用，因此社会价值投资只能在各个领域中分别去适应现有的优惠政策。

10.8　我国扶持社会企业的地方性政策

当前，有不少地方政府已开始探索积极培育和扶持社会企业的发展。上海、北京、广东、宁夏等地均已出台鼓励性政策，特别是上海和广东，已探索政府直接资助补贴、建立社会组织孵化基地、建立公益创投招标机制、建立公益人才年金制等多种形式。

表 10－8　我国地方政府扶持社会企业发展的政策、法规

时间	地方	政策、法规	亮点
2010 年	上海	《上海市民政局关于进一步规范上海社区公益创投活动的通知》	试点社会组织年金制度，探索公益人才队伍收入保障机制
2011 年	北京	《关于加强和创新社会管理全面推进社会建设的意见》	积极扶持社会企业发展
2011 年	北京	《北京市“十二五”时期社会建设规划纲要》	积极扶持社会企业
2011 年	宁夏	《宁夏回族自治区慈善事业促进条例》	鼓励发展社会慈善企业

续表

时间	地方	政策、法规	亮点
2013年	广东	《2013年广东深化社会体制改革工作要点》	鼓励发展社会企业
2014年	广东顺德	《顺德区社会企业培育孵化支援计划》	将社会企业明确限定在企业范畴内
2018年	成都	《关于培育社会企业促进社区发展治理的意见》	明确社会企业定位、评审制度，以及多方位的支持手段

10.9　我国社会价值投资面临的困境及问题

从以上对当前中国社会价值投资面临的制度与政策环境分析可以看出，目前社会价值投资面临法律地位没有认定和保障、政策支持没有直接针对性的鼓励与支持等问题，这体现出当前政府对于社会价值投资连接政府、社会、市场三方力量解决社会问题的作用尚缺乏清晰的认识。具体而言，社会价值投资在制度与政策方面至少面临以下问题。

1. 制度与政策滞后于实践发展与需求

作为一种新兴的投资方式，社会价值投资尚未取得明确的法律地位，缺乏相应的立法和监管机制，造成社会价值投资在发展过程中存在一系列的政策困境，诸如登记管理体制不健全、税收优惠政策缺乏、政府支持政策力度不足、合法地位缺失、监管制度不健全和人事保障制度不健全等。

2. 缺乏鼓励长期投资的政策环境

缺乏鼓励长期投资的政策环境，这迫使投资人对社会价值投资采取谨慎和保守的态度。

3. 管理体制不健全

管理体制不健全包括登记主体不明确、法律地位缺失、相关配套政策不健全等。具体来说，就是社会组织准入门槛高、税收优惠覆盖范围窄、政府购买服务比例小、项目推动力度弱、人才队伍保障低。

4. 合法性困境

目前，我国对于非政府组织的活动主要是通过行政法规来规范，行政法规有《社会团体登记管理条例》《民办非企业单位登记管理暂行条例》和《基金会管理条例》。即便是这些行政法规，其要求也是不完善的，而且只规定了非政府组织登记管理的行政程序，没有明确要求这些非政府组织实体上的权利、义务、法律地位、组织的财产关系等。在我国现行的社会企业，既可选择在工商部门登记注册成为公司，也可在民政部门登记注册成为非营利组织。公司和非营利组织的性质各异，所以适用的法律形式也不同，导致它们在所有权、税收减免、利润分配、治理模式等方面表现出很大的差异。不管是成为公司还是成为非营利组织，所适用的法律规范不能完全适应社会企业的需要，这不仅削弱了社会企业的合法化，而且也阻碍了社会企业的投资意愿。

5. 结构性困境

政府、企业及社会组织通过在跨部门合作、社会影响力投资、支持服务体系等因素上的交叉作用推动了社会企业的发展。要达成政府、企业、社会组织的多赢局面，并不是一蹴而就的事情，在跨部门合作、社会影响力投资、支持服务体系等方面还需要很多协调性工作。

6. 监管缺失

我国政府对社会组织的监管有一定程度的缺位，导致了社会企业的混乱发展。一部分人鉴于免税等优惠政策，浑水摸鱼，长此下去必然会对社会企业的名誉甚至其在我国的健康发展造成一定的负面影响，而另外一些真正从事非营利公益活动的组织不得不以企业法人的身份存在，无法享受政策优惠。与此同时，尽管政府对中小企业的业务支持被视为适用于社会企业，但这类支持并未对企业谋求最大利润的潜在要求脱离了社会企业追求社会价值的本质。

7. 合力机制缺失

政府、企业、非营利性组织如何形成合力还缺乏可行机制，应尽快探索建立并完善促进我国社会企业发展的有效运行机制。

第 11 章

如何推动中国社会价值投资

社会价值投资在中国有巨大的发展前景。从理念和价值取向上看，社会价值投资与中国社会“义利兼顾，以义为先”的价值观念高度契合，与当前倡导的五大发展理念有深刻共鸣，也符合我国社会主义市场经济的意识形态诉求。从投资生态体系看，中国在供给侧和需求侧都有丰富多样的参与主体，政府、市场主体和慈善公益部门的能力都在不断提升。不仅如此，中国改革开放以来经济社会取得的巨大成就、金融市场的快速发展，为社会价值投资提供了充沛的资源动员。针对前述社会价值投资面临的短板和制约因素，当前亟须政府、市场和社会凝聚共识，形成合力，以社会价值投资为重要手段整合优势资源，应对经济社会发展中存在的迫切挑战。

如前所述，从目前中国实际发生的社会价值投资来看，还存在一些不足。明确声称为社会价值投资的项目数量少、投资规模小，也不符合严格意义上的社会价值概念，商业模式不清晰，缺乏有影响力的机构参与，缺乏品牌性的成功案例。中国已经存在较大规模的事实上的社会价值投资，但是没有按照社会价值投资的框架来认识和理解，因而也无法以此归类资产并进行规范。即使将明确声称和事实上的社会价值投资都算上，其在社会总投资中的规模仍然偏小，比例仍然偏低。在已有的投资中，国有部门投资规模大，比例高，私人部门和民间社会投资不足。从投资对象来看，社会组织接受的投资规模有限。此外，通过证券和股权进行的投资比较少，较多依赖于传统的信贷手段。

导致前述不足的原因有很多，包括理念和知识传播不够，缺乏系统深入的研究，认证、准则、评估工具和评估体系等市场基础设施不足，一些重要的市场主体缺位或发展不足，金融市场发展滞后，法律和政策体系不完善，缺乏配套的政策和实施细节，购买方的意识还比较薄弱，社会部门发展不充分等。针对这些不足和制约因素，提出如下建议。

1. 短期政策建议

（1）加大对社会价值投资理念的传播与倡导。结合国际国内社会价值投资的案例，系统总结社会价值投资观念、模式、优点和局限性以及与其他社会投资的关系，通过出版知识手册、媒体文章、公益广告、教育培训等方式，加大在政府部门、市场（特别是金融市场）、青年学生和一般社会公众中的普及和倡导力度。中国发展研究基金会与友成基金会决定从现在起，每两年出版一份“中国社会价值投资双年报”，以第三方的角度，长期跟踪世界特别是中国的社会价值投资领域的最新进展，向有关部门提出政策建议。

（2）筹建几个社会价值投资联盟，把对社会价值投资有兴趣的企业家、学者组织起来推动社会价值投资的试验与推广。目前在中国已经成立了一个社会价值投资联盟，还需要有更多、更广泛类型的联盟出现，形成规模，形成竞争。

（3）筹建几个有一定规模的社会价值投资基金，政府的投资引导资金也可部分进入引导推动。通过完善政府向社会购买公共服务的实施细则，把社会价值投资型企业列入政府购买服务以及 PPP 项目的范围，明确采购范围、标准和质量要求。

（4）发挥资本市场的作用，可以考虑首先在三板市场开辟一个“社会价值投资”板块，对准入、监管、评估以及参与投资者给予特殊的安排。目前，巴西、新加坡、英国等地已经建立了社会价值投资交易所。在时机成熟后，中国也可以在主板或创业板或中小板上开一个“社会价值投资”板块。

（5）积极推进社会价值投资市场的相关基础设施建设。有关部门应支持 3 ~ 5 家行业性、自治性的社会价值投资促进平台，出台相关的资格认证、准则、评估工具和体系，形成不同认证评估体系之间良性竞争和互补的格局，并以此作为政府采购和资助的参考依据。政府相关部门和研究机构、市场主体合作，推出核心社会服务的成本清单，为相关主体进入市场提供初始价格信号，并根据实践情况定期或不定期予以更新完善。

（6）加大社会价值投资概念框架及其生态的研究。国家应将社会价值投资纳入课题资助规划，并鼓励在地方和相关部门开展试点，总结经验；将社会价值投资纳入高校与研究机构的社会创新和创业课程中；建立学术研究机构、智库、公益慈善机构以及企业的社会价值投资联合体，结合中国实际，对社会价值投资中的疑难问题进行深入研究和攻关；鼓励更多的企业将社会价值投资的相关研究和评估纳入公益捐赠与资助中。

（7）倡导责任消费和采购。加大政府购买公共服务的规模，加大对社会组织承接政府购买服务的支持力度，加强政府购买服务的公共性和公益性，鼓励采取孵化培育、人员培训、项目指导、公益创投等多种途径和方式，提升社会组织承接政府购买服务的能力。政府在产品和服务采购时需要纳入社会责任标准。支持相关行业形成社会采购评价指标体系，将之纳入企业履行社会责任的规范。通过发布公益广告、举办主题活动等手段，提升消费者的社会责任型消费。

（8）在国有企业改革和事业单位改革中引入社会价值投资概念。在国务院国资委与政府有关部门的参与和支持下，首先将社会价值评估纳入对公益性国有企业的业绩考核中。建立几个适合于国有企业的社会价值投资的权威评估机构，对国有企业的社会价值投资行为进行认证，进行事前、事中、事后评估。鼓励部分适合条件的国有企业和事业单位向社会价值导向型企业、社会价值投资型企业转型。设立国有企业的社会价值投资基金。

（9）推动社会价值投资人才队伍建设，制定相关制度及政策。鼓励有关部门制定社会工作专业人才队伍建设培养规划。在有条件的高等院校开办社会价值投资的课程及设立社会价值投资专业。

2. 中长期政策建议

（1）完善法律与政策体系。第一，国家需要加快推进与社会价值投资、社会企业以及公益慈善机构从事经营性活动相关的立法，为创建关键的市场主体（如批发性社会价值投资机构）、证券交易市场（如社会证券交易所）、新的金融工具（如社会影响力债券）提供依据；第二，对现有涉及供给侧、需求侧以及慈善公益的法律法规进行修订，引入社会价值投资，并在社会价值投资的框架下进行衔接；第三，出台政策引导民营企业和国有企业参与社会价值投资；第四，在政府有关扶贫、节能环保、养老、健康、教育、PPP 等社会投资发展规划的实施方案制定中，全面纳入社会价值投资的理念和做法；第五，出台以绩效给付为前提的与税收、补贴、金融等相关的配套政策。

（2）发展市场主体和服务机构，完善生态体系。成立国家社会投资公司、社会投资银行和投资基金，提供批发性社会价值投资资本。完善公益慈善组织和社会服务机构的注册登记与评估制度，增加对社会价值投资领域的机构注册登记与监管制度，降低准入门槛，加强监管，促进社会组织蓬勃健康发展。将社会价值投资的审计、评估、研究、咨询、法律服务机构或者相关业务列入免税和金融支持范围，促进投资服务机构的发展，出台相关规划引导和支持人才培养。

（3）创办“社会价值投资交易所”，发行社会价值投资债券，引导对社会投资有兴趣、有意愿推动社会价值投资的投资者参与和监督。

（4）把国有企业改革与社会价值投资有机地结合起来，对所有的国有企业进行社会价值评估，并将其列入企业考核的核心指标，以便更好地分配资源、调整组织内部的运作与战略决策，从公关角度帮助投资者和项目实施者更有效地沟通与传达项目所实现的社会价值，使整个社会价值投资行业更加有效率，获得更多的社会与环境影响力。

（5）建立跨部门的社会价值投资发展指导委员会。建立由国家发改委、财政部、民政部、国务院国资委、中国证监会等政府部门，金融投资机构、公益界、学术界以及国际专家共同组成的社会价值投资发展指导委员会。